ジブリをめぐる冒険

鈴木敏夫
池澤夏樹

スイッチ・パブリッシング

目次

まえがき　――映画術　池澤夏樹　5
第一章　――ジブリのことは鈴木敏夫に訊ねよ！　11
第二章　――鈴木敏夫こそジブリである！　48
エッセイ　――ジブリパークの旅、ならびにいくつもの脱線　池澤夏樹　85

第三章 ― 宮崎駿の新作『君たちはどう生きるか』を語る 102
エッセイ ― 宮崎駿と建築など――アニメーションの原理を追って 池澤夏樹 167
第四章 ― 自分を生きよ 183
あとがき ― 誰も知らない宮さんこと宮崎駿 鈴木敏夫 256

まえがき

映画術

ちょっと変わった性格の本を作ることになった。

テーマはジブリなのだが、作品論はさほど多くない。

ちょうど『君たちはどう生きるか』が公開されたところなので、これは大いに話題にしたが、過去の作の内容解析などよりも長篇アニメーション映画がいかにして作られるかの方にぼくの関心はあった。だからもっぱらプロデューサーの鈴木敏夫にぼくが話を聞くという形を選んだ。

言うまでもなく中心にいるのは宮﨑駿である。しかし彼にインタビューはしない。作品を通じて彼は充分以上に語っている。大事なのは彼が映画を作る態勢をいかにして用意し、運営し、完成まで持っていった上で公開して観客を呼ぶか、そのプロセスだ。だから鈴木敏夫。

きっかけは去年の秋にジブリパークを見に行ったことである。これでぼくは自分の中のジブリ的教養をおさらいし、整理し、自宅で再び見ることを楽しんだ。これは具体的かつ即物的な体験で、言ってみれば映画の弟子としてヒッチコックに質問したトリュフォーの立場に似ている（『映画術　ヒッチコック／トリュフォー』）。ただしぼくの場合、問いかける相手は監督ではなくてジブリパークに据えられた「地球屋」「サツキとメイの家」や「どんどこ森」、そして「大倉庫」の中の「天空の庭」、「にせの館長室」など、あくまでもモノである。それはトリュフォーが思想ではなく技術を聞いて、しかしそれによってヒッチコックという名人の思想を明らかにしてゆく過程に似ている。ミルクのグラスを際立たせるために中に豆電球を仕掛けたと聞く驚きは（『断崖』）、サツキたちの家の箪笥にあの時代の衣類が入っているのを見つけて触る喜びに似ている。

鈴木敏夫という人物について、プロデューサー業について、ぼくはいろいろなことを教えられた。宮﨑駿と高畑勲という稀代の映画制作者を相手にする彼の立場を猛獣使いになぞらえることが会話の中で何度かあった。たしかに彼はピッチャーでもバッターでもない。しかし名捕手であることは間違いないし、それが時には遊撃手になっていたりする。彼が背後にいると知っていればピッチャーは心強いだろう。

やはり『君たちはどう生きるか』については興奮してずいぶん喋った。

鈴木の戦略で事前情報が全くなかったし、いざ見はじめても安直な予想は次々に外される。何よりも舞台装置が次々に変わる。歌舞伎で言うところの屋台崩しの連続。しかもプロットには眞人が自分を産む前の母に会うという自分の尾を銜えた蛇のような時間トリックがある。空間と時間の両方に活断層がある。観客は翻弄され、見終わったとたんにまた最初から見たくなる。宮﨑駿が時間と予算をかけて勝手放題に作ったらこうなってしまったという感じ。だからやはり彼の映像的膂力には感服せざるを得ない。

最後になってこの「まえがき」を書いているのだが、このタイトルを選んでおいてよかったと思う。これはジブリの核心に向けて直行するのではなくその周囲を「めぐる」冒険なのだ。

池澤夏樹

ジブリをめぐる冒険

第一章
ジブリのことは鈴木敏夫に訊ねよ！

ジブリ発行の月刊誌『熱風』の二〇二三年二月号に、愛知県のジブリパークを旅した池澤夏樹の「ジブリパークの旅、ならびにいくつもの脱線」というタイトルの紀行文が掲載されている。スタジオジブリ作品をモチーフに、北海道の原風景から宮澤賢治を追想する池澤は、自身のいくつもの旅の軌跡を重ねている。いわば時間旅行として作家池澤夏樹の人生がここに集約され、同時に秀逸なジブリ論が展開されている。

この紀行文は、最初の読者として鈴木敏夫を想定し書いたものだと思った。ジブリパークを自分がいかに楽しんだのかという率直な私信。この紀行文を巻頭特集にした『熱風』編集部の誇りを感じた。そこで考えた。池澤夏樹と鈴木敏夫にジブリをめぐる冒険に出ていただこうと、ジブリの世界をテーマに対話していただく。そのことを池澤に相談すると、対話ではなくインタビューなら引き受けると答えた。宮崎駿でもなく高畑勲でもない。鈴木敏夫こそジブリであるというのが池澤夏樹のインタビューの核心だった。宮崎駿と高畑勲という二人の天才と対峙し数々の名作を生み出したジブリ、そのプロデューサー鈴木敏夫に池澤夏樹が訊ねる。

インタビューが行われたのは宮崎駿の新作『君たちはどう生きるか』の公開前の二〇二三年五月二十三日火曜日、場所は鈴木の恵比寿のアトリエだった。池澤は安曇野からこの日のために上京した。

鈴木敏夫を、長くスタジオジブリのプロデューサーとして突き動かすものは一体何なのか。池澤夏樹によるインタビューのテーマは、またとない鈴木敏夫による鈴木敏夫論でもある。

ジブリに寄せる

池澤　今日はあいにくの雨、昨日はよく晴れて、でも今日は急に雨になって、昨日に比べてずいぶん寒くなった。今日は、昨日に比べて温度差が十五度くらいあるということです。

鈴木　十五度もあるんですか。ああ、もう僕は鈍感になっていますね。さっきまでは部屋が暑いなあと思っていた。今は慌てて暖房をつけたくらいです。この寒暖差には正直参ります。

池澤　あらためて、鈴木さん、ご無沙汰しております。今日はインタビュアーとして僕はここにいます。鈴木さんとは付き合いも長く、これまで何度も会っているけれど、普段からインタビューされることはあっても、誰かにインタビューするのは初めてで、とても楽しみです。今日は鈴木敏夫をインタビューします。よろしくお願いします。

鈴木　ご無沙汰です。わざわざ来ていただいてありがとうございます。池澤さん、お住まいは安曇野に引っ越されたとか。

池澤　今年、札幌から安曇野に引っ越しました。今日は鈴木さんへのインタビューの項目をきちんとメモにまとめてきました。

――冒頭に、池澤夏樹による鈴木敏夫インタビューのテーマを指し示します。「ジブリパークの旅、ならびにいくつもの脱線」の中のジブリ論、「ジブリパークの本性は博物館である」という池澤さんの一文は、今後のジブリ論の先駆になると思います。ジブリパークはジブリ作品における空想科学や文学、歴史にまで及ぶ現象で池澤さんが解き明かしている。展示されているミシンやタンスに手を触れ、池澤さんは自身の経験を過去を照らして歩みを進めている。読者は幸福な時間を共有していく。歩きながら、ジブリパークが公園から広場へとつながる時間旅行として秀逸であることを池澤さんは指摘する。それはまたとない鈴木敏夫プロデュース論になっていく。一方鈴木敏夫は大の池澤夏樹ファンを自認している。『熱風』では池澤夏樹特集を企画し、ラジオ「鈴木敏夫のジブリ汗まみれ」（TOKYO FM）では何度もゲストに池澤さんをお呼びしてインタビューをされている。池澤夏樹出演のNHKやTBSのテレビドキュメンタリーをジブリ学術ライブラリーとして再編集して発売もしている。それらの映像は、池澤さんの旅の記録として貴重なアーカイブとなっている。今回のインタビューにあたり、池澤さんから次のような鈴木敏夫に対する質問のメモをいただいた。

一　プロデューサーという仕事のこと。

二　創作者と社会・世間・大衆をつなぐ立場。会社と人材、資金、パブリシティー、博打。
三　話を具体的に、例えば『もののけ姫』の場合とか。宮崎駿さんと高畑勲さんの資質の違いなど。まるで本を一冊作るくらいの内容かもしれません。

鈴木　お手柔らかにお願いします。そうか。ならば僕も池澤さんの「ジブリパークの旅、ならびにいくつもの脱線」を、もう一度この対話の前に読んでくれればよかった。あの原稿で言うと、「サツキとメイの家」のエピソードがとてもいいです。ジブリパークは本当に宮崎吾朗が作りあげたものです。彼もこの原稿に本当に感動していました。
池澤　宮崎吾朗さんが僕の書いたものを読んでくれたんだ。
鈴木　そうです。きちんと読みました。なぜ池澤さんの原稿を読んだかというと、今この流れで適当な言葉が浮かばないけれど、何しろ池澤さんのお父さんもまた福永武彦という著名な作家なので、池澤さんと福永さんという親子関係をどうしても自分にダブらせるんです。
池澤　宮崎駿と宮崎吾朗か、その確執が僕にはわかる。
鈴木　実は僕は、福永武彦との親と子という関係から、池澤さん自身は解放されていらっしゃらないだろうと感じていたんです。ところがあの原稿を読んで、あまりの素晴らしさに吾朗に読ませた。吾朗は僕に熱く「あの原稿よかったですね、誰のものよりもよかった」と言ってきたんです。

池澤　親と子というつながりではなく、吾朗さんはもう一人立ちしているとジブリパークを歩きながら感じた。もう一人旅をしているのではないかな。僕自身、父親を送ってから久しいからね。

鈴木　吾朗は五十七歳、でもいまだ親子の葛藤の真っ最中にいます。

池澤　まあ、それはそうでしょう。

鈴木　そうなんです。

池澤　宮崎吾朗さんは宮崎駿さんの後は追いかけてはいない。同じ領域に入ってはいない気がしています。

鈴木　はい。

池澤　よくわかります。

鈴木　そうですか……、正直、僕は吾朗はジブリに来なければよかったと思っています。にもかかわらず、なぜかジブリに近づいて、入って、それで人生がややこしくなった。だからもがいている。でもその中でジブリパークは宮崎駿の力を一切借りないで吾朗が自分だけでやろう、と。それをやってのけた場所なんです。

池澤　ジブリパークを歩いて楽しかった。それだけの思いです。

鈴木　ありがとうございます。それが何よりも伝わってきたのです。

――池澤さんはジブリパークを歩きながら自分のそれまでの旅の軌跡を披露していく。ジブリパークの土地の分布を繙きながらジブリ作品の造詣を深めるために博物史を展開していく。それはいわば戦後日本を俯瞰したものだと読者は読みながら考え、ジブリ作品を再び見つめていく。わたしたちが得たもの、そしてわたしたちが失ったものがここにあるのだと気づいていく。

池澤　ジブリパークの在り方としては、もちろん宮崎吾朗の設計が基本にある。その前に鈴木さんの思う公園の原型の在り方が具体的にされている気がします。ジブリパークは鈴木さんの原風景である名古屋の徳川公園、そして鈴木さんと宮崎さんの思いがつながる小金井の野川公園がシンクロしていく。ジブリ映画は好きでずっと観てきました。そしていわば鈴木さんの軌跡であり、その轍を踏むように見て歩きました。楽しかった。宮崎駿、高畑勲、この二人の思考の動きが僕にはある程度わかるんです。

鈴木　ははは、そうなんですね。

池澤　つまり僕も創作者だから。そういう意味では、なるほどそうだろうなと彼らの考え方が納得できる。業界も違えば、作るもののサイズも関わる人も違うから、一概には言えない。でも、こういう物語にしようという構想の立て方、いや、ここはこうじゃないと見せる工夫を考え、登場人物の設定を考え、一年がかりで絵コンテを描く。この段階での作業の辛さ、愉しさはある程度はわかるんです。ところが鈴木さんの立場、プロデューサーとは何なのか。僕にはわからない。謎なんです。

鈴木　僕にはプロデューサーとしての自覚はあまりないのです。

池澤　プロデューサーとは一体何かというのがこのインタビューのテーマです。脚本を読み企画を具体化する。企画は監督が持ってくることが多いかもしれない。企画が進み、絵コンテが仕上がって次の段階に入る。プロデューサーが、まず物語を元に全体の尺を含めた作品の規模、予算をある程度決めて、それからスタッフを手配する。公開日を決めるのはもっと先。制作の都合で遅れるかもしれない。配給先を決めて劇場公開が始まる。宣伝をする。宣伝は大変大事なことです。鈴木さん自身、自著の中で宣伝規模によって興行収入が二十億から六十億になると書いている。プロデューサー鈴木敏夫の仕事は、ジブリ作品の中で大体そういうことをする人だということは頭ではおぼろげながらわかっている。

鈴木　なんだか悪い奴みたいじゃない。

池澤　僕が一番、鈴木さんがすごいと思うのは、会っている人の数です。もっぱらご自分で動く。人に会って交渉して、ダメならすぐ次に向かう。人間に対する作業というのが鈴木さんのアクティビティです。それが大変。

鈴木　そうですね。

池澤　鈴木さんの書いた本を読むと、とんでもない数の人の名前が出てくる。プロデューサーとはそういうポジションなんだということがわかりました。基本的に僕は人に会うことが嫌なんです。普段もなるべく人と会うのを避けるようにしている。自分の好きな海外の作家が来日してもまず会わない。小説を書いた後、取材でこんな質問を受ける。「この作品はどれくらいの人に取材を費やして書いたのか」。僕は専門家に会って取材したことはほとんどありません。作家として僕はそういう生き方をしてきた。だから周囲にあまり人がいない。それに比べると、鈴木さんは森のようにたくさんの人に囲まれている。いわば人たらしです。そこが自分とずいぶん違うなと思いました。

鈴木　そう言われれば確かに人に会っている。でも僕はどちらかというと、子供の頃からそんなに積極的に自分から人と接しようとはしてこなかったです。それは仕事を始めてからもそう。最初は出版社に入ったけれど、それも人の勧めによるもの。僕自身は出版社や新聞社に入っていろんな人に会ってみたいという気は、毛頭なかったんです。そんな僕が職業柄とはいえ、結果としてものすごい数の人に会うようになっていってしまった。なぜなんだろうと、この間から考えていたんです。というのは、今、ひと月に一人、自分が会ってきた人のことを書いているんです。それがもう百人近くになった。書いてわかったことは、実に会った人の数の多さ、いくらでもいるんだということ。到底百人じゃきかない。このままいくとあと百人続けても書き足りない。終わらないで残っている。どうしてこういうことになってしまったんだろうな、とふと考える。岩波書店がそれを一冊にまとめてくれることになったこともあり、人に会うということについて考えざるを得なかったんです。そして、その〝なぜ？〟を、僕自身があとがきで触れるべきだと思っていた。でも担当編集者は、今度の宮﨑駿作品の『君たちはどう生きるか』について書いてくれという。結果僕にとってどうしてこうなってしまったのか、そこまで深く考えずに済んだんです。でもどこかにその〝なぜ？〟が残っているんです。そんなに人に会っておいて今更何を言うかと言われそうですが、自分から会いに行ったことはないんです。全部受身なんです。ではなぜ、そういうことになったのか、結果としてはジブリという存在が僕に要求したんだと思う。いろんな人に会って、いろんなことをやらなければいけないと。

池澤　週刊誌時代まで遡らなくても、ラジオ「鈴木敏夫のジブリ汗まみれ」でも相当な数の人に会っているでしょう？

鈴木　ラジオはそうなんです。一週間に一人ですからね。気がついたらラジオは、十七年目になる。他に「歳月」という共同通信の連載も九年目になる。一体いつまでこんなことをやっているんだろうって、自分でも呆れている。その時々のことを考えても、やはり自分から積極的に会った人は本当にいないんです。池澤さんの問いの答えには、中間レポートみたいな曖昧な言い方になってしまうんですけれども。

池澤　まだこのまま続くわけでしょう。

鈴木　だからどうしようかなって。

池澤　もう、引退しますと言いながら引退しない人もいますからね。

鈴木　いや、繰り返しになりますが、自分から積極的に人に会おうと思ったことはありません。その〝なぜ？〟を考えていくと、堀田善衛さんの書かれた中里介山『大菩薩峠』についての長い論考（「〝大菩薩峠〟とその周辺」）に行き当たる。この論考がある意味僕の思いを代弁しているると感じ、心から共鳴しています。好きなんです。僕も同じ気持ちなんです。なぜ消極的な自分がプロデューサーをしているのか、この一冊に書かれている気がします。

鈴木敏夫は夢枕獏の『ヤマンタカ　大菩薩峠血風録』の文庫版の解説を「受身と消極の人生」と題し、『大菩薩峠』の堀田善衛の論考に重ねてこう書いている。

子供時代に見た一本の映画が、人生に大きな影響を与えることがある。
小学校の3年生頃だったと思う。親父に連れられ、映画館で「大菩薩峠」（内田吐夢監督一九五七年）を見た。楽しいチャンバラ映画を期待していたぼくは、仰天した。
なにしろ、冒頭から恐ろしかった。大菩薩峠で、机龍之助は、いきなり何の罪もない老巡礼を試し斬りにしてしまう。

そして、必殺の〝音無しの構え〟。剣を構えて、相手が動くまで微動だにしない。しかし、相手が斬り込んで来るや、龍之助の剣は一閃、一撃で相手を倒す。因縁の宇津木文之丞との奉納試合での殺陣は、いまだ目に焼き付いている。

子供ながらに、これはただならない映画だと思った。話は、龍之助の苦悩に満ちた地獄巡りに終始する。しかしなぜか、ぼくは、その魅力に取り憑かれた。

中里介山の原作を読んだのは、大学生になってからだ。神田の古本屋で「大菩薩峠」の初版本を見つけると、ぼくは、貪るように全17巻を一気に読んだ。

そして、龍之助の生き方が強烈な印象を残した。生きる目的が無く、なりゆきで果てもない旅を続ける。これも、その〝受身〟の剣法に相通じるところがあった。

後に、堀田善衞の解説を読んで納得をした。この受身と消極の姿勢を主調とする剣法をたとえとして見るなら、それは圧政に苦しむ民衆というものの姿であり、そこに、民衆に愛される理由の一端があると。そして、龍之助は世界には珍しい、日本に特異なヒーロー像だとも教えられた。

目的を定めず、目の前のことをこつこつとこなす。それが、いわゆる庶民の生きる知恵だ。ぼくは、そう考えて受身と消極で生きてきた。

その論考の最後に鈴木は『大菩薩峠』について宮澤賢治が書いた詩「大菩薩峠を読みて」を引用している。それはこんな詩だ。

廿日月かざす刃は音無しの
虚空も二つときりさぐる
その龍之助
風もなき修羅のさかひを行き惑ひ
すすきすがるるいのじ原
その雲のいろ
日は沈み鳥はねぐらにかへれども
ひとはかへらぬ修羅の旅
その龍之助

鈴木の引用した宮澤賢治の詩に呼応するかのように、一方池澤夏樹には宮澤賢治の詩の作品に触れた『言葉の流星群』という著書がある。その中でこんな一節を鈴木敏夫の受身という姿勢に重ねてみる。

宮澤賢治の詩に多く登場する風景要素といえば、天であり、山であり、畑であり、林である。改めて考えてみると、室内を扱った詩はほとんどない。詩人はいつでも屋外に出て、地面に立ち、頭上に空をいただき、目は遠方の山か林を見ている。これが基本の姿。

高畑勲と宮﨑駿の位相

池澤　次の質問です。高畑勲と宮﨑駿は存在としてとにかく大きい。考え方のスケールもひたすら大きい。もちろん性格は違いますが、二人とも勝手なことを言って、とにかく扱いにくくて、それでもってそれぞれ自分から深く思い悩んでしまう方たちです。彼らのそばにいて鈴木さんは、無事に映画が完成するように調整をする。またこの二人がしょっちゅう喧嘩をするものだから、その間にも入る。鈴木さんの著書の中でそのやりとりが一番読んでいて面白かった。彼らが絵コンテから始めて、それを現場に落として作画に入って具体的な絵を作っていってセルに写していく。そのプロセスでは数百人以上のスタッフが関わる。すごい数です。それだけの荷を負いながら、二人は勝手なことをする。勝手なことを言う。そのたびにみんなが右往左往する。

鈴木　現場は大体五、六百人ですね。

池澤　それで予定が変わり、大幅に遅れることもある。あの二人を鈴木さんがどんな風に見ているのか、果たしてその存在は一体全体どんなものなのか、いろいろなところで既に訊かれてきたことかもしれないけれど、やはり僕も訊きたい。二人の思考、頭の動きをある程度はわかると僕は言ったけれど。

鈴木　いや、意外と訊かれないんです。僕自身、そういう言い方はほとんどしないと思うんですけれど、恵まれたプロデューサーだと思っているんです。

池澤　恵まれたプロデューサー、ですか、なるほど。

鈴木　というのは、何しろ相手が高畑勲と宮崎駿です。簡単に言うと、ある企画を進めます。そうすると、ある一定のものを作ってくれる保証があるわけです。自分としては、楽ですよね。他の細かいことはそれに比べれば大した問題ではないんです。だから自分自身の経験で言うと、何が大変かと言うと、むしろ若い人とやる時です。あの二人のところまでレベルを引き上げなくてはいけない。これは辛いことです。

池澤　確かに、宮崎駿、高畑勲の作品には、失敗作はない。どれでもなんとか成功作にしてしまっているでしょう。

鈴木　あの二人には、その保証があるんです。それが僕にとっては強大な安心感を与えてくれるのです。だからその点では僕は他の人に比べて楽をしてきたと思います。二人とも作品を作っていく時に、それは個人の仕事と違って集団作業なのですが、互いに共通点があるんです。それは何かというと、自分が思いついたこと、考えたこと、そして描いたものを、人に見せて意見を聞きたがる。そしてその意見を結構尊重するんです。集団作業と個人作業の関係を考えると明解です。彼らはそれぞれが自分のクリエイティブということを徹底的に考える。そしてその過程においては、相談相手というか、話し相手が必要です。僕はその役割をやればいいと思っていたのです。

池澤　二人はそれぞれの作業で一歩進め、その〝一歩分〟を鈴木さんに見せる。それに対して鈴木さんが感想を述べる。そういう関係ですよね。それは大事な役割です。

鈴木　どう相槌を打つか、です。

池澤　その後の進路を決めるわけでしょう。

鈴木　そうです。例えば、『もののけ姫』です。この作品は森の神殺しの話です。僕はすごく悩みました。そういう時は僕も少し真面目になるんです。物語の舞台が日本では成立しないかもしれないと思った。「違う、そんなものはいなかった」って宮さん（宮﨑駿）と話す。日本の森は豊かな土壌に広がっていた。いくら木を伐ったってすぐに生えてくる。そうすると舞台は日本でいいのだろうかと悩みました。それを宮さんに言うと、いとも簡単に「じゃあ鈴木さん、日本じゃなくていいよ」と答えてくる。その答えを受け、さあどうしようとさらに考えることになる。さんざっぱら悩んで、やっぱりこのまま舞台は日本で行こうと決心する。そういう判断は僕の方で考えたりします。

池澤　タタラ場で木を燃やす、やがてその周辺の土地が枯渇する。これはもう、世界中どこでも古代都市が滅びた理由です。タタラ場はその周辺の森を使い尽くします。

鈴木　そういうことなんですね。

池澤　炭焼きがそうなんです。釜を作り、生木を伐ってそこへ運ぶ。あるところまで進むと、その周りの森林を全部使ってしまう。そうするとその炭焼き場に遠くから木を運ぶ労力の方が高くつくようになる。すると山の民はその釜を捨て他の森に移動するんです。タタラ場と森の神との敵対関係はありうるのです。

鈴木　ありうるんですね。

池澤　うん、早く言えばよかった。

鈴木　こんなことを描いて子供たちに嘘の歴史を教えていいのだろうかと真剣に悩みました。よかった。

池澤　やはり、日本でも世界でも、神殺しというのは面白いテーマです。

鈴木　面白いですね、実は宮さんは『もののけ姫』を作ることに抵抗があったんです。物語のスケールが壮大で大変だということが一番大きな理由だったんですけれども、本当にやってよかったと今は思っています。

池澤　一方高畑勲さんはインテリです。要所要所の話の組み立て方も知的です。『平成狸合戦ぽんぽこ』では百鬼夜行の場面で次から次へと日本美術史を引用する。その場面、僕はものすごく面白かった。子供にはそんなにウケないかもしれないけれど。

鈴木　高畑さんは外国人が観てもわかるように最初から作っています。その仕掛けの面白さが高畑さんにはありました。高畑作品と宮﨑作品を比較した時に、海外の人には高畑さんの作品の方が理解を得やすかったのです。これはもう言ってしまってかまわないと思うので言いますけれども。難しいのは宮さんの作品の方でした。

池澤　そうですか。

鈴木　そうです。宮﨑作品は理解を得ることが大変です。

池澤　ぶっ飛んでいるからね。

鈴木　それに絵の問題もあるんですよ。宮さんはいろいろなキャラを相貌から絵で描き分けていく。しかし欧米の人には全部同じ顔に見えるんです。それはなぜか、鼻が低いことが主たる原因の一つ。『ルパン三世 カリオストロの城』は宮崎駿の成功作として有名になったわけですけど、外国の人が観た時に、表情からは展開も何もわからなかったって言われました。本当に理解不能だったみたいですね。

池澤 その相貌こそ、宮崎さんの絵の力だと感じます。

鈴木 ウィンザー・マッケイという漫画家の『リトル・ニモ』という作品を映画にしようという企画がありました。制作はアメリカ、しかしメインスタッフは日本人ということになった。海外で公開し、それを持って日本へ凱旋するということを考えた藤岡豊という日本人のプロデューサーがいた。彼は『スター・ウォーズ』のプロデューサーの一人だったゲーリー・カーツを雇いました。僕はこの人から随分学んだ。彼は監督の候補を聞くと、ホテルの部屋に閉じこもって、その監督の作品を次から次へと観ていった。僕は当然、宮崎駿が監督に選ばれると思っていたら、高畑勲が選ばれたんです。ゲーリー・カーツが感動したのは、大阪の下町を舞台にした『じゃりン子チエ』だった。非常に論理的に作られているからわかりやすいというわけです。これは世界共通の話だと言っていました。

池澤 すごい論理的でね、筋を通してある。高畑勲の『かぐや姫の物語』という作品がある。あまり言われていないけれど、『竹取物語』の僕の解釈は、彼女は天上界で何か罪を犯してその罪の贖いのために地上に落とされた。その罪を贖って天上に戻るというのが一つのストーリーの軸だと思っている。それと婿入りの試練という、アレもあちこちにある、それこそ『古事記』に書かれていたような話が五つ並ぶ。いわば縦と横の二つの軸が基本にあると思った。だから『かぐや姫の物語』を観た時に、彼女がどんな理由で地球に降りてきたのか、地上に落とされたというところがないといけないと思ったんです。高畑さんは、〝かぐや姫の罪と罰〟という言葉を言っていたから、当然そのことは念頭に置いていた。しかしそれを描くと子供向けにならないというジレンマもあったのかもしれない。

鈴木　それは率直に言っていました。それを描くことはできない、と。最初は姫の犯した罪と罰を描こうとしたんですよ。それで彼女の罪をどう話に落とし込むか延々と考え続けた結果、できなかったんです。だからそれを避けて通ったんです。

『かぐや姫』のプロデューサー、西村義明は28歳のときに担当になり、36歳まで延々とこの作品に向き合ってきました。彼はその間に結婚し、子どもまでもうけた。もはやライフワークのようなものです。

「せっかくここまでやってきたんだから、宣伝も自分でやってみなよ」

僕はそう勧めたんですが、彼のほうから「僕にはまだ宣伝は分かりません。いままでどおり鈴木さんが中心になってやってください。僕はそれを手伝います」と言ってきた。

それで二人でやっていくことになるんですが、最初に問題になったのがコピーです。西村が作った案がいくつかあったものの、どうもピンと来ない。そこで、僕は高畑さんの書いた企画書を読み直してみることにしました。そのとき気になったのが以下のくだりです。

「姫は、地上の思い出によって女を苦しめた罪を問われる。そして罰として、姫は地球におろされることになる」

その瞬間、「罪と罰」という言葉が浮かびました。『罪と罰』といえば、ドストエフスキーの小説が有名ですが、文学でも映画でも繰り返し問われてきた普遍的なテーマです。これを活かせないものか……と考えたときに出てきたのが、「姫の犯した」というフレーズでした。「姫の犯した罪と罰。」ならテーマも感じられるし、言葉のインパクトもある。

西村に聞くと、彼も「いいですね」と賛成してくれた。さっそく、桜を見て喜ぶかぐや姫のビジュアルと合わせて、高畑さんに見せに行きました。ところが、それを見た途端、高畑さんの顔色が変わった。

「このコピーは、僕が作ろうとしている映画を邪魔することになります」

「でも、高畑さんの企画書の中にあった言葉を使ったんですよ」

「それをテーマにしようとしたのは確かですけど、残念ながら、うまくいかなかったんです。いま作っている作品の内容とは違います」

宣伝は作品の邪魔をしてはならない――高畑さんが繰り返し言ってきた大原則です。監督にそう言われたら、どうしようもありません。僕は引き下がることにしました。

（鈴木敏夫『ジブリの仲間たち』より）

池澤　それは仕方ないことです。もう一つ、かぐや姫には縛りがあって、最後まで処女でなくてはいけないんです。だから婿候補たちを全員排除する。ところが最後に天皇が出てくる。これには逆らえない。切羽詰まってどうしようかという時に、天上から迎えが来るというわけです。あそこの仕掛けは物語のクライマックスです。

鈴木　なるほど、先に知っておきたかったです。

池澤　それにしても、天上での罪は描けないです。

鈴木　そうなんです。高畑さんはやりたかったと思うんです。実際に相当悩んでいました。そして、数ある星の中でなぜ地球を選んだのか。

池澤　月だから、地球に近かった。

鈴木　単純にそれですか。

池澤　最後は月から迎えが来てかぐや姫は帰っていく。月は居心地良さそうです。

鈴木　はい、わかりました。

池澤　もう一つは、かぐや姫は地上に降りた時は神通力があった。何しろ天上人だから。姫を見つけて育ててくれたおじいさんおばあさんを金持ちにするのは簡単なことだった。ところがだんだん神通力が薄れてくる。だからかぐや姫は車持皇子が持ってくる偽物を偽物と見破れないんです。東方海上にある「蓬萊の玉の枝」を取ってくるようにとかぐや姫は言うが、彼は出航せず職人たちにそれらしきものを作らせ、帰航を偽装した。同時に、かぐや姫は地上にだんだん気持ちが移ってしまう。だから帰る時にぐずぐずしている。こんな汚いところ早く去りましょう、何をやっているのと天人に怒られる。そういう葛藤もあった。それに比べると、宮崎さんの方は奇想天外。どうしてこれを思いついたんだろう、どうして話がそっちへいくんだろうとなぜばかりです。

鈴木　わからないです。

池澤　苦しんでいるうちに、スッとアイデアが浮かび新しい物語を発見していく。いわばその繰り返しで全体ができたようなところが、宮崎作品かもしれない。

鈴木　おっしゃる通りです。ブリコラージュです。僕は惹かれましたよね、手近にあるものを寄せ集め、組み合わせて作っていくというこの手法は、まさに宮崎駿のためにあるのだと確信しました。

池澤　赤い金魚のブリキのおもちゃがあったら、そこからポニョが生まれる。

鈴木　はい。だって、「こんな人が世の中にいるんだろうか」というのが、僕の最初に受けた衝撃ですから。宮﨑駿は抽象的な概念のない人です。一方高畑勲は概念だらけの人でしょう。あまりの違いに本当に驚きました。概念というものがない人と付き合うにはどうしたらいいんだろうと、僕は本当に考えました。

池澤　『風の谷のナウシカ』から始まるジブリ作品を、多くの人が精緻に分析している。その概念を摑もうとする。しかし宮﨑駿はマテリアルでものごとを考えているから、概念からだと見えてこない。だから僕は宮﨑駿論というのは絶対書きたくない。どこかで誰かが言っていることでしかなくなる。具体例で言えば、『千と千尋の神隠し』で「カオナシと深層心理の関係をラカンの心理学で解く」なんて誰かが書きそうじゃない。

鈴木　本当に珍しい人だと思います。あんな人、他にいない。まだ生きていますけどね。

池澤　鈴木さんにとっても、宮﨑駿という人はまだ珍しい存在なんですね。

鈴木　そう思います。気がついたら僕は彼と出会って四十五年になります。いまだに飽きないですよね、毎日何かやってくれるから。昼間にさんざんしゃべったのに、夜になってまた電話がかかってくる（笑）。本当にもう……という感じです。しょうがないですよね、やっぱり天才なんでしょうね。

池澤　そう思います。

鈴木　諸般の事情によって『となりのトトロ』と『火垂るの墓』、これを同時に作って二本立てにして世の中に出すことになりました。その影響を受けたのは宮﨑駿の方でした。高畑勲はんです。『火垂るの墓』の制作に徹する。ところが宮さんは高畑さんがいることをものすごく意識する。高畑さんがやっているのは野坂昭如作品の文芸もの。それである時宮さんが「鈴木さん」って呼ぶから、「なんですか」と応えたら、「ネコに空を飛ばせるわけにはいかない」と言い出した。今になって何を言い出すんだこの人は、と思った。さらにトトロはコマに乗って飛ぶ。「こんな馬鹿なことやっていられないよ、鈴木さん」と、自分で呆れている。もう手がつけられなかったから、僕は嘘をついたんですよ。何を嘘ついたかと言うと、「宮さんね」って。「何？」って言うから「ちょっと高畑さんの意見も聞いてみたんですよ」って、「え、何を？」って言うから「ネコバスと、コマに乗ったトトロの話、やるべきだと言っていましたよ」。そしたら宮さんは「あ、そう？」と答えた。そういうやり方ですよね。

池澤　まさに猛獣使い。

――ジブリパークの池澤さんの原稿は、そこを見事に解説されている。

異形のモノ。『となりのトトロ』のそのトトロ。アニミズムの権化である。かわいさと畏怖の念を同時に見る者に伝える形態とサイズと動作。顔はアルカイック・スマイルのままだし、動きはなんの動力も体の動きもないまま浮遊・飛翔するだけ。それでも雨のバス停で隣に大きなトトロがいることに気づいたサツキの静かな驚きを映画の観客は共有することができる（メイはその前に会っている）。

そしてそこに来るネコバス。その顔の上にある回転式の行く先表示板も懐かしい。普通のバスならばあれは始発の停留所で車掌さんがハンドルを回して次の地名を出すのだ。なんでバスがネコなのか。初めて見た時、あの組合せにほとほと感心した。絵コンテを描くペンの先からひょいと生まれたのだろうか。ひょっとして下敷きに『不思議の国のアリス』のチェシャーキャットがありはしないか。テニエルの挿絵のあの笑う猫。

（『熱風』二〇二三年二月号　池澤夏樹「ジブリパークの旅、ならびにいくつもの脱線」より）

鈴木　宮﨑駿、本当にあんな人いないですよね。いろいろなところが宮さんに脚本を頼んでくるけど、僕はどうかしているんじゃないかと思うんです。しっかりとした構成で作品を展開する人では決してない。むしろ変なことを生み出すのが得意な人なんです。

池澤　ゼロから生み出す力、つまり手段がなければ作り出せない。鈴木さんは宮﨑さんに他の人の原作で「これを作ってください」とは今は言えないでしょう。

鈴木　そうです。だから宮﨑と高畑、二人が大事だった。高畑勲にとってもやはり宮﨑駿という人は重要な友人であり、スタッフの一人だった。

ジブリ初プロデュース作品

池澤　『おもひでぽろぽろ』がスタジオジブリ鈴木敏夫の初プロデュースだった。『風の谷のナウシカ』、『天空の城ラピュタ』は高畑さんが宮崎駿作品のプロデューサーとしてクレジットされている。この二人、どう作っていったのでしょう。

鈴木　高畑さんは元々はプロデューサーをやる気はありませんでした。全くなかった。ところが『風の谷のナウシカ』をやる時、映画化にあたっての宮さんからの唯一の条件が、高畑さんをプロデューサーにすることだった。なぜかと言うと、宮さんは高畑さんのもとで若き日、いわば青春を捧げたわけじゃないですか。その恨みを晴らしたいというわけです。

池澤　そんなこと？

鈴木　それだけですよ。宮崎駿という人はそういう人なんだから。宮さんは感極まる人だから、自分でしゃべっているうちに泣いてしまう。本当に泣くんですよ。見ててこちらが呆れるくらい。高畑さんは自分が監督をしている時、プロデューサーに対してひどいことをしている。だから高畑さんにプロデューサーをやらせればその思いを味わわせられる、ということでしょう。プロデューサーは作品には手が出せない、高畑さんをそういう状況に置きたいんだとはっきり僕に言いましたからね。

池澤　意趣返しというわけだ。

鈴木　そう。それを僕に協力しろと言う。大変でした。それでも宮さんは絶対にちゃんとしたものを作ってくれる、それを念頭に置いておけば、日常の苦労は苦労ではないんです。むしろ僕にとっては日常茶飯事、閑話休題ぐらいに考えておく。だから楽しいんです。またこんなことを言い出した、とか……。言うことが日々変わる。

池澤　むしろ高みの見物で行く。

鈴木　そうです。だから本当に恵まれたプロデューサーだと自分では思っています。

池澤　一年間、ひたすら絵コンテを描く。その時間の集中力はすごいものがある。長篇小説を書く時、自分にはあそこまでの集中力はないように思えます。一つひとつの作業における知的労働の密度が本当に違うと思う。しかも肉体労働の部分も多いでしょう。それこそ朝から夜中まで絵を描き続ける。

鈴木　高畑勲の絵コンテにはいつも感心させられました。高畑さん、絵コンテを描く期間がとても長いんです。一年どころか、二年、三年経っても終わらない。ものすごく時間がかかる。しかも出来上がった絵コンテは予定の尺を大幅にオーバーしている。それは理由がある。なぜか。脚本ではこう書いたけれど、それを絵にしてみたら果たしてどうなるのか、うまく行くのか行かないのか、高畑さんは実際に知りたいんです。そのための絵コンテです。絵コンテにした上で、捨てるものは捨てる、採用するものは採用する、高畑さんはこれをやるんです。

池澤　ひとまず全体を構成し、ここだという場面を拾って、細部に向けて考えていく。

鈴木　そうです。ともすると四、五時間分くらい作ってしまう。そこから、どの案が一番有効かと考える。一つのシーンに対して何個も案を考える。正直もう少し合理的にやってほしいと、誰よりも僕が一番思っていましたが……。

池澤　絵コンテというのは非常に精密なものなんですか？

鈴木　精密ですね、高畑さんはそういう人でしたね。

池澤　しかし、それを捨てる勇気があるわけですね。

鈴木　そうです。いいシーンでも、その後の展開がうまくいかない時は捨てることができる。

池澤　全体の流れの方を大事にする。

鈴木　そしてなにより高畑さんは表現を大事にします。あの人はそういう人でした。それと同時にもう一つ大事なことがあります。高畑さんの脚本は大抵とても長いのですが、出来上がった脚本に対して、どこから絵コンテを描くのかと言うと、途中からなんです。頭から順番に描かない。このシーンをやったり、あのシーンをやったり、そしてまた元のところに戻ってみたりする。だからみんな振り回されるんです。全体の中でどこをやっているのかわからなくなる。結果、いろんな試行錯誤の果てに一つの作品に作り上げるというやり方なんです。一方宮さんは順番に描いていくから、スタッフにとってもわかりやすい。高畑さんは最初から最後まで全部付き合わないといけない。いつ高畑さんから「これとこれ、どっちがいい?」と訊かれてもいいように準備をしておく。

高畑勲にとっての宮澤賢治

池澤　小説家からすると、動く絵というのは羨ましいのです。例えばスピード感、躍動感を作ることができる。アニメーションの魅力の一つです。

鈴木　アニメーションの場合、やはりスタッフが大事なんです。いいシーンを考えついたとしても、それを果たしてうまく表現することができるか、そこが高畑さんの作品の骨子です。宮澤賢治の作品を例に挙げます。先般僕は花巻に行って宮澤和樹さん――宮澤賢治の弟の宮澤清六さんのお孫さんですが、彼と話す機会があった。高畑さんは結果的には『セロ弾きのゴーシュ』を作った。しかし本当にやりたかったのは『鹿踊りのはじまり』だった。それも、音楽アニメーションとして作りたいと思っていた。何しろ鹿が踊るわけですからね、じゃあそれを誰がどうやって描くのか、それが問題だった。高畑さんは「日本中の誰がやってもうまくいかない」と言う。本当はやりたかったのに、企画ごと捨ててしまった。見切るわけです。次に、物語だけで成立する宮澤賢治の童話を探す。それが『セロ弾きのゴーシュ』だったんです。絵作りが重要なんです。

賢治ほど、多角的な切り口から論じられる作家はいないのではないかと思われますが、賢治との出会いが「雨ニモマケズ」や『銀河鉄道の夜』や『よだかの星』ではなく、童話群の魅惑に身をまかせるという体験だったせいか、私は、「なんのことだか、わけのわからないところもあるでせうが、そんなところは、わたくしにもまた、わけがわからないのです」という『注文の多い料理店』の序文を賢治のゆるしの言葉と信じ、分からぬところは分からぬまま賢治をごく素直に受け取ってきました。それでも賢治はじゅうぶんに素晴らしかったのです。たとえば『銀河鉄道の夜』の「ほんたうのさいはひ」とか初期形第三次稿の「その実験の方法さへきまればもう信仰も化学と同じやうになる」などという言葉が理解できなくても、ジョバンニの孤独とコンプレックスの深さやそれからの脱出の希求はじつによく感じられますし、『春と修羅』の「まことのことばはうしなはれ／雲はちぎれてそらをとぶ／ああかがやきの四月の底を／はぎしり燃えてゆききする／おれはひとりの修羅なのだ」も、「まことのことば」が分からぬまま、悩み多き青春の詩として勝手に自分にひきつけて愛唱せずにはいられませんでした。その意味から、いかなる複雑深遠な諸論考にもまして、最近出版された、〝ただ一人の友〟保阪嘉内をめぐる菅原千恵子氏の『宮澤賢治の青春』には大きな感銘を受けました。

ところで、私はアニメーション映画の作り手ですが、宮澤賢治の映像化にはきわめて悲観的です。そのわけは、子供時代のあの原体験に照らしてみれば明らかです。私は『平成狸合戦ぽんぽこ』などで、賢治に自分なりのオマージュを捧げ、過去に『セロ弾きのゴーシュ』を作りましたが、それもふくめ、他の方々がお作りになったどの作品にも不満でした。しかし、にもかかわらず、やはり、挑戦してみたいのです。

『鹿踊りのはじまり』『水仙月の四日』『どんぐりと山猫』『なめとこ山の熊』『雪渡り』

『狼森と笊森、盗森』『北守将軍と三人兄弟の医者』などが以前から私をしきりに誘惑しています。もしも作る機会が与えられるならば、どの作品であれ、それがけっして活字や映像のなかだけの魅力的な「おはなし」ではなくて、この大地で私たちと共存しているホンモノの生きものたち、自然現象、そして山川草木の、これが、いのちあふれる「ほんたうの」すがたなんだよ、という賢治のおしえを出来るかぎり忠実に守りたいと思っています。

（朝日新聞 一九九五年五月二十六日 高畑勲「いつか映像化したい賢治」より）

池澤 アニメーターの重要性は高畑さんも宮﨑さんも同じかもしれない。まず僕は『となりのトトロ』の〝マックロクロスケ〟に感心した。小さなものをあれだけたくさん動かすことのすごさ。次に『もののけ姫』の〝コダマ〟、あれもなるほどと思った。そして『崖の上のポニョ』のあの妹たち。場面中央に小さな妹たちが蠢き、背景が徐々に変わっていくその絵力の凄み。ディズニーのやり方に比べると、あきらかに背景が主人公を押し出すような手法に僕はいちいち感心するんです。

鈴木 なるほど、面白い見方ですね。

池澤 そういう驚きは、宮﨑・高畑のジブリ作品にはいたる所にあります。

鈴木 例えば、『ハウルの動く城』という作品がある。〝カルシファー〟という火の悪魔が登場する。でも火の悪魔は実は誰も描けないんです。では一体誰が描いたのかと言うと、宮崎駿が全部一人で描いたのです。そういう独特のアニメーション能力を宮崎駿は持っている。わかりやすいのは〝トトロ〟です。お腹がぽこんと出ている。手でスッと触ったら、気持ちよさそうな体。この柔らかさを描けるのは宮崎駿だけなんです。他に描ける人がいない。

池澤　質感の問題と、質感の表現の問題。

鈴木　他のアニメーターが描くと、〝トトロ〟のお腹は固くなってしまう。高畑勲が宮崎駿と組んで、常に宮さんに要求していたのはその質感なんです。感覚的で抽象的なもの。高畑さんは「トトロは宮さんしか描けない」と僕に言っていました。宮さんならば描くことができる。変な人だけれど。

池澤　ジブリには素晴らしい作画の方がいるのに、宮崎さんのようには描けないんですか。

鈴木　宮崎駿のように描ける人はいない、断言できます。本当にいない。高畑さんの、そして宮さんの要求するものに応えるアニメーターというのは本当にいない。なかなか大変です。

池澤　自分ができるから、人もできると思っている人たちですものね。

鈴木　新作『君たちはどう生きるか』でも、宮さんが絵コンテを描いている。宮崎が絵コンテを描き監督として全体を仕切る時には、自分が描ける範囲で歩留まりで描くんです。要するにこれを描いたらどうやって動かすのか、それがわからないものは描かない。だから宮さんは脚本からではなく、まず絵コンテから描くんです。そこが大きなポイントです。でも宮さんも何しろ八十二歳になりました。やっていく途中でおそらく音を上げるというのはなんとなくわかっていた。だから僕の最初の仕事は、今までジブリであまりやっていない、しかし有能なアニメーターを探すことだった。僕の中である一人の人が浮かぶ。本田雄。それで彼を引っ張ってきたわけです。『エヴァンゲリオン』の庵野秀明のそばでずっとやってきた人です。そうすると、宮崎駿の絵コンテの描き方が変わったんです。自分が描けないものをやるんです。「どれほどのものか見せてみろ」という魂胆が見える。こういう闘いは見ていて面白かったです。

池澤　芸談みたいですね。切磋琢磨する。

鈴木　そうですよね、そんな「お前にできるか」という問いかけを、ある種自分に課したのが『もののけ姫』だった。『もののけ姫』で宮崎は、主人公が空を飛ぶようないわば自分の得意技を全部封じたんです。そして、今までやってこなかった演出プランを絵コンテの中にどんどん描いていった。当然彼だって万能じゃないから、得意なものとそうではないものがある。だから『もののけ姫』では不得意なものを苦労して一所懸命描いていった。僕はそばで見ていたから、ラッシュを観る度に「頑張ったなあ」という実感が生まれて好感を持ったんです。五十五歳をすぎて新しい絵や動きの描き方にチャレンジしていった。これはすごいことだと思ったんです。反対に『千と千尋の神隠し』は宮さんにとって手慣れた絵で作ったというわけです。手法の冒険という意味では僕には面白くなかった。

池澤　『もののけ姫』のラストシーンでは宮﨑さんが初めてCGを試みた。宮﨑さんの葛藤が想像できます。その時鈴木さんと宮﨑さんでどんなセッションが行われたのですか。

鈴木　正直、CGはたいしてやっていないんです。CGは動きに制約があるから、わかっている人がそれを前提にして導いていく絵コンテを描かないとできないんです。宮﨑が「ここをやってほしい」という絵は誰も描けないから。CGには向いていない。結局手で描かないといけないことになる。CGを駆使できるのはむしろ高畑さんです。『平成狸合戦ぽんぽこ』で、狸のおばあちゃん、〝おろく婆〟が動く図書館のシーンがある。これぞまさにCGが最大限に生かされた、こういうところで使ってほしいという見本のようなシーンです。一般の人にはあまり気づかれませんでしたが、業界では評判になり、多くの人が感心していました。

第二章

鈴木敏夫こそジブリである！

宮崎駿と高畑勲という二人の天才と対峙し長く名作を生み出してきたスタジオジブリの鈴木敏夫に、果たしてプロデューサーの仕事とは一体どういうものか、作家池澤夏樹が問うていく。

二人の天才の光と影を見事に捉える鈴木敏夫とは何者か……。

鈴木敏夫が高畑勲と宮崎駿に出会ったのは雑誌『アニメージュ』時代のこと。雑誌のアンケートで女子高生から教えられたアニメーション映画『太陽の王子 ホルスの大冒険』がきっかけだった。映画のために自分は八ページの誌面を用意した、鈴木は編集者の熱意を高畑に伝えた。話すこと一時間、次に高畑が電話を代わったのが宮崎駿だった。宮崎は鈴木にこういう趣旨のことを伝えた。この映画の記事を作るなら十六ページを欲しいと。編集者として至福の長電話、その会話こそ、運命の出会いであった。

アニメーションの作り方

——作家とアニメーション監督との作業はよく似ている。資料を読み、ノートを作って、構想を練る。物語を組み立て書き進める。登場人物たちを生かす。毎日少しずつ書き進める。その毎日の作業はセル画を作る行為と似ているかもしれない。新聞連載が終わった後にもう一度最初から再構築して、削りながら一冊の本に仕立てていく。新聞連載だった長篇小説『また会う日まで』は、着想から大体四年近くかかっている。小説とアニメーションの生成、この似て非なるもの。長くなりますが、高畑さんが池澤さんに語った言葉をまずここに掲載します。

高畑　最近よくわからないのは我々がアニメーションを作っていて、その世界を嫌いじゃなく見てくれてる人が今はたくさんいるんですが、いるということ自体にこちらがついていけないと言いますか……。突然飛びますが「ウルトラマン」というものに今三十代位の人たちが相変らずこだわってる。細かいオタク的なことだけじゃなくて、あの中に含まれていた思想や色々なものを取り出して、今自分が生活していることに関わりを持たせているることに驚くんです。もしかしたら深いものがあるのかもしれませんけれど、僕は映像のちゃっちさによって最初から拒否してたんですが、そういう大人が多かったと思いますよ。ところが今の三十代位の人は子供の頃から見ているためか、そのちゃっちさが気にならないというのかな。そうするとリアリティといったものは随分人によって違ってるという気がしてくるんです。何でこんなもの受け入れてもらえるんだろうか。アニメーションを作っていてそういう言い方も変なんですけど、受け入れてもらえることがはっきりしたらやっぱり怖いなと思いますよ。確かに先程の小説と同じという話は納得したんですけど、例えば池澤さんの「南の島のティオ」で空に絵を描くという話がありましたね。それから「錦の中の仙女」という中国の話では刺繡をしてその中に自分を織り込んでおくとそれが現実になってしまう。こういうのは大体好きなんですよ。どこかでアニメーション的だと思うくせに実は一度も作りたいとは思わないんですが。というのは文章の方がずっと説得力があるから。映像化したらおしまいだなって気がするんです。ところがこういう風にアニメーションが隆盛を極めてくると、おしまいだな、だったはずが「いや、映像化してもいいいんじゃない」なんて言われたりしてね。

（高畑勲『映画を作りながら考えたこと Ⅱ』「現実を映し出す新たな表現を目指して…」より）

鈴木　なるほどアニメーターと小説家は近いのかもしれない。思えば宮崎駿は池澤夏樹とほとんど同じ作業をしているのかもしれない。

池澤　しかし小説は誰も手伝ってくれない。『また会う日まで』の量を書くというのは、アニメーション一本と同じくらいの労働量というか、知的労働量だと、今言われると納得します。最初に企画がある、これで行こうと決めて、ざっと流れをメモに作る、尺を数えるんです。ダメだ、これは一年では入らないから一年半連載をしようと固める。『また会う日まで』は一人の男の伝記です。最初と最後がわかっていて、この二つは変えようがない。その間に起こっていることもわかっているから流れはできている。それをどのような密度で作っていくかの問題だけで、あとは一枚一枚実際に書いて、物語を動かしていく、前の日と次の日の続きを少し重ねる。

鈴木　やろうと思ったら集団でもできるのかもしれない。

池澤　うん。

鈴木　ある種、脚本のような考え方です。

池澤　文体を統一するなど、いくつかの約束は決めておく。

鈴木　もちろん細部と全体は池澤さんが見なくてはいけない。

池澤　高畑さんがそれこそ流れを一番大事にするというのは、僕と同じで共感を呼ぶ。なぜ宮崎作品が好きか。僕はびっくりしたいんだと思う。高畑作品だとその展開はわかるんです。

鈴木　池澤さんならわかってしまう。

池澤　うん。こうなったらこうなるって。この辺をこう膨らませて、この辺をこう抑えるだろうというような細部のセンスまでもわかるんです。

鈴木　高畑さんと池澤さんには同じようなリズムもある。宮さんは本当にわからない。

池澤　観客にはそれに振り回される喜びがあるんです。次にどうなるのかワクワクする。

鈴木　そうですよ。僕は最初の観客なのでそれは本当に思います。本当に、どうしてこんなこと考えつくんだろうという驚きの連続なんです。

池澤　宮﨑作品のキャッチコピーは難しいと思います。その驚きを一言で言うのは。

鈴木　そんなの無理ですね。宮さんはすごいです。常識破り、それもケタ外れですから。

――池澤さんの指摘に、他の作家の原作を宮﨑駿に当てるのは難しいとあった。でもいくつか、他の方の原作で作られたものがある。例えば角野栄子さんの本を原作にした『魔女の宅急便』。宮﨑さん自身がプロデューサーを務め、鈴木さんの名前はプロデューサー補佐としてクレジットされていた。では実際宮﨑さんと鈴木さんはどういう関係性だったのか、その時のやりとりも含めて具体的に教えていただけますか。

鈴木　やりとりもさることながら、最初に契約を原作者と結ぶじゃないですか。その時に僕は絶対忘れずに言うことが一つだけあるんです。簡単に言うと、「大幅に内容が変わるので、その点は了承ください」ということ。この一言を契らないと安心できない。だって変わるに決まっているんだから。

池澤　原作は踏み台でしかない。

鈴木　そうです。大体、宮さんは作品の読解力は高くないんです。あの人はこの点でも天才だと思います。『ハウルの動く城』の原作者はダイアナ・ウィン・ジョーンズ。原作を読めばすぐにわかるけれど、あれはゲームの中の世界の話なんですよ。でもそれを宮さんは最後まで理解しなかった。これはすごい人だなと思いましたね。だから『魔女の宅急便』も実質自分でプロデュースをやらなきゃいけなくなると、最初に僕にこう言ったんです。「僕さ、読む時間がないから鈴木さん読んでおいて」と。仕方がないから僕が原作を読んで、こうやってこうやれば映画にできると宮さんに説明する。その後で本人が原作を読んで「違うじゃないか」と怒り出すこともあった。そういうことの繰り返しなんです。

――『スイッチ』の『かぐや姫の物語』特集（『SWITCH Vol.31 No.12』）収録の糸井重里さんと川上量生さんとの対談で、糸井さんが鈴木さんのことを〝ジブリ作品の最良の解説者〟とおっしゃっていた。プロデューサー鈴木敏夫のアート性は天才的であり、かつ解説者としても素晴らしいという趣旨です。鈴木さんの持っている内なる大衆性のすごさを糸井さんは言われていた。宮﨑作品と高畑作品を社会に対する窓として解説する、大切な紹介者です。

鈴木　そうやって聞くとすごそうですけど、やっている本人は結構大変なんです。
池澤　宮崎さんの構想にダメを出し、鈴木さんの目の前で宮崎さんは何百枚もの原画を捨てたこともある。ある意味編集者としての存在を感じます。いい作品を作るための描き直しを作家にさせることを厭わないで行う。
鈴木　いやあ、仕方がないからやっているんです。最初に申し上げたように積極的に自分から働きかけたものではない。

プロデューサーの仕事

――鈴木さんは『アニメージュ』の編集長を退任する時にこのような言葉を残しています。

「風の谷のナウシカ」以来、「アニメージュ」の編集とアニメーション映画の製作という二足のわらじをはいて参りましたが、諸先輩の勧めもあり、この度、アニメーションの仕事に専念することにあいなりました。
人並みに色々悩みもしましたが、そんな折、ふと想い出したのが、高校時代に愛唱した植木等の歌でした。

金の無い奴ァ　俺ンとこへ来い
俺も無いけど　心配すんな
見ろよ　青い空　白い雲
そのうち　何とか　な〜るだろう

――てな具合いで、今後はスタジオジブリで頑張りますので、何卒、宜敷くお願い致します。

一九八九年九月末日　鈴木敏夫

（永塚あき子編『ALL ABOUT TOSHIO SUZUKI』「編集長退任の挨拶文」より）

池澤　プロデューサーの仕事としてのビジネスの話をお訊きします。一九八五年に吉祥寺にスタジオジブリを作る。映画を作るためにまず会社を作った。一九八九年のある段階からスタッフを社員化する。常勤の人を集めることにはお金がいる。作品作りのために予算を工面する。そうやって完成した映画が収支的に成功する。次はこうやろうと企画して映画を作る。もう少しうまくいって大ヒットになった。一九九二年八月に本格的に小金井にスタジオを作り、会社の規模も大きくなる。どこかでコケるという可能性もあったと思うけれど、しかしほぼどれも製作費を回収、あるいはその倍、三倍の利益を上げて経営規模を大きくしていく。傍から見たらジブリは成功物語。ただ会社にしてしまった以上は、次々と作り続けなくてはいけない。作り続けることでさらにまた大きくなる。先ほど鈴木さんは高畑・宮﨑という二人の監督への信頼感があったと言われた。しかしいいものができたからといって観客が多くなるとは限らない。プロデューサーとして毎回不安の連続ではなかったか？

鈴木　う－ん、なんてお答えしたらいいか。正直その不安もあって、僕は映画をビジネスとして捉え直す勉強をしたんです。映画の仕組みはどうなっているのか、いわゆる映画産業という商いを知りたいと思ったんです。で、結論としては映画はよく言われるような博打ではないということです。ヒットにはちゃんとその理由もあるんです。どういうことかというと、大雑把な話ですけど、今日本に映画のスクリーンの数は全国でざっと三千五百なんです。三千五百のスクリーンに毎日いろんな映画がかかっている。そうすると一日にどれくらいのお客さんを集められるのか、わかるんです。極論を申します。洋画邦画問わず、どんな映画をかけても同じなんです。それがわかっていると、何をやればいいかが見えてくる。意外とそこは誰も目をつけない。僕はなぜそこに目をつけたかというと、池澤さんが言われたように安定させたかったたんです。このことをうまく説明できないから困るんですけれど、要するに、僕が夢見たのはある種のユートピアなんです。高畑勲がいて宮﨑駿がいる。それで僕もいて、いろんなスタッフもいる。一本の映画を作るためには相当な時間がかかります。大体準備に一年、実際の作業は二年、合計丸三年がかかる。そうすると日々が楽しいことが大事だったんです。僕が力点を置いたのはそこだった。いろんなところからお金を集める算段もあったけれど、結局はその人たちに対してある義理が生まれます。それによって自分が頑張ろうとする。賭けではなく、冒険でもない、堅実なやり方というのを探したいと思った。ジブリは結果それを繰り返してきたんです。例えば企画の立て方。僕が常々若い人たちに言ってきたのは、「ジブリで作るとしたらお金がかかるから、テーマはそういうスケールのものを考えること」。今、本も映画もターゲットを絞ることから始める。僕はそれは違うんじゃないかと思っている。要するに〝みんな〟に観てもらいたい、だからそういうテーマのものをやるしかない。高畑さんも宮さんもそういうのをやらせたら得意だった。またそういう映画が好きでずっと観てきていた。それがジブリのスタート、基本なんです。まさに面白くて、ためになるものづくりをやろうと思ったんです。日本映画がそろそろダメかなという時期にジブリはスタートする。かつてオール世代でみんなが映画を観て楽しんでいた時代があった。そういう枠組みの映画を作れば、日本映画を延命させる何かの役に立つかもしれないと考えたのは確かです。実際それをやりました。やってみたら、ある程度うまくいったんです。

池澤　『もののけ姫』では、日本では難しいとされた神殺しのテーマでさえうまくいった。

鈴木　そうです。それなんです。だから自分の中ですごいチャレンジをしたとか、賭けをしたという自覚はないんです。

池澤　三千五百あるスクリーンの中で、例えば三百から始める。他にもっと大きな公開規模の映画があったとしても、ジブリ作品が好評で観客の数が増え続け、パタパタパタとそれこそオセロみたいにスクリーン数が増えていくこともあった。プロデューサーとしては気持ちがいいものですが、同時に、ヒットすればいいものではないというお考えもあったでしょう。

鈴木　ありました。大ヒットしたらしたで、その後が大変だというのは最初からわかっています。だからちょぼちょぼにヒットする、それで続けられるのが一番いいと自分では決めていたんです。でもジブリの親会社である徳間書店との関係もある。もちろんそういったことも考えてやりました。

池澤　楽しく働くと言っても難しい。何よりもアニメーターたちの給料を上げ生活を安定させたことが鈴木さんの功績です。スタッフを社員化・常勤化させた。また、動画研修生の制度を発足させ、定期的な新人採用を開始するなど、アニメーターの地位向上に相当苦心されていた。

鈴木　考えました。それを実現するというのが、結果として自分に跳ね返ってくる。つまり自分が幸せになれる。そのことはある程度は達成できたと思っているんですが。

池澤　先ほどのお話で言うと、スクリーンの数は全国に三千五百ということですが、松竹系と東宝系、東映系で数が変わってくる。配給元をどうするか、親会社の意向もある中でプロデューサーとしては苦労された？

鈴木　三千五百と言っても、実際に多くのお客さんが来るスクリーンはものすごく限られているんです。それをどれだけ確保できるか、これにかかるんですね。邦画は東宝、松竹、東映のいわゆる大手三社の製作、配給、宣伝が担っている。どこと組むといいかというとその時の状況によるんです。それはやってみてすぐにわかりました。僕自身そういう興行に向いていたんでしょうか。『アニメージュ』の編集長をしていた時もそうだった。とにかく売れれば誰も文句を言わないだろうと、その腹がものづくりの前提にあるんです。

池澤　ジブリは映画館だけでなく最近は世界中に配信を展開している。日本と海外の戦略の違いを具体的に教えてください。

鈴木　外国を意識して映画を作ったことは一度もない。いつも日本の観客を念頭に置いて作品作りをしてきました。だから、外国との商売も、ジブリから売り込んだことは一度もなく、一貫して〝受身〟でした。最初に声をかけてくれたのがディズニー。ディズニーのおかげで、ジブリは世界で有名になったと僕は思っています。その後は、G-kidsのエリックとデーブのコンビ、日本と中国を除く全世界は、ワイルドバンチのヴァンサン。この二人が、配信を含め、頑張ってくれています。

めんどくさがり屋

——『アニメージュ』時代、編集者鈴木敏夫が秀逸だと思ったのは、ヒットを追いかけるのではなく、自分たちでヒットを作ればいいと編集方針を大きく変え、『機動戦士ガンダム』の記事連載を始めたことだった。発想が逆になっている。編集長になった鈴木さんは『アニメージュ』の編集方針を明確にこう打ち出した。

一、インタビューマガジンである
二、ビジュアルマガジンである
三、作家主義を貫く
四、ヒット作は自分たちで決める

五、海外作品、アート作品も積極的に紹介する
六、フロクで読者の心を摑む
七、雑誌から作品を生み出す

鈴木　それこそ糸井重里さんにこう言われたことがあるんです。「鈴木さんにどうしても敵わないことがある」って。何かと訊いたら、「鈴木さんは面倒くさがり屋じゃん」って。「僕は勤勉だから」と言われた。糸井さんが言うように僕は確かに面倒くさがりなんです。今何が流行っているのか調べるのも大嫌い。手持ちが何もない、それで何かできるものはないかといつも考えている。確かにそれは性格です。

──『アニメージュ』創刊号の校了まで一カ月を切った時に配属された鈴木さんは女子高校生にアンケートを取るという荒技を考えて実行する。本当の面倒くさがり屋ではできないことです。専門家ではなく、いわば素人の見解を元に記事を再構成していろんなネタを拾ってくるのですから大変です。そしてその女子高生の発言から高畑勲の『太陽の王子 ホルスの大冒険』を知ることになる。

鈴木　少ない努力で大きな成果を、といつも考えているんです。自分でまさかアニメーション雑誌をやるなんて思わなかったし、まさかその後にアニメーション映画を作るなんて思っても

いなかった。ただ、一旦自分が関わった以上、そこで働く人が大勢いる。みんなが幸せになれればいいと真剣に思っていたんです。それが自分の幸せにつながる。どの現場でもそのことを実現したかったというだけですよね。それ以上の欲はなかったです。

池澤　昔の日本映画のようにターゲットを絞らないということは新鮮な驚きです。最初からターゲットを絞らないで、客の側に選んでもらうようにするというのは、僕の文学の在り方と同じなんです。よく本を出した後で「どういう読者を想定されて書きましたか」と訊かれる。一切ないです。書いたものを出して、こんなもの出来ました、よろしければお読みください、ということに尽きるわけです。だから誰がどこで読んでいるかも知らない。見えないし、見ない。映画と違って文学は孤独な作業なんです。映画だったらもっと反応がダイレクトかもしれない。映画館に行けば観客の反応が見られる。でも文学というのは、部屋にこもって書いて、読む方も自分の部屋にこもって読むわけです。そういう意味では、映像や舞台の芸術は妬ましいものです。

鈴木　でも、それをやらなきゃいけないという辛さもあるんですよ。ある新聞で本を一冊紹介してくれと言われて、僕は池澤さんの『タマリンドの木』を選んだんです。僕はこの作品は映画にしたらいいと前から思っていた。ちゃんとやれば大ヒット間違いないです。なんでみんなやらないのか不思議なんです。僕には自信があります。

池澤夏樹さんの著作は『スティル・ライフ』（一九八八年）の時からいろいろと読んできました。なかでも好きなのが、この『タマリンドの木』。セールス・エンジニアの男性とタイのカンボジア難民キャンプで働く女性の物語で、二人は偶然出会い、恋愛関係になりますます。東京で一緒に暮らすことを望む男性に対し、女性はさらにカンボジアに移り、仕事を続けるという――。それまでの日本の恋愛ものは男性が「僕についてきてくれ」とプロポーズしたら、女性はそれに従うのが王道だった。ところがこの物語は女性が拒否し、仕事を辞めて女性の元に行くのは男性の方。男女が逆転しているところが新鮮で、すごくひかれました。

（東京新聞 二〇二三年六月三日 鈴木敏夫「私の愛読書」より）

――映画化にあたっての具体的な構想のようなものがあるんですか。

鈴木 構想も何も、そのままやればいいんですよ。まあ、アニメーションではなく実写がいいと思うんですけどね。

池澤 以前、僕が鈴木さんに言ったことがある。自分も含めて二十世紀の作家は、映画的になったのかもしれないと。文章を書きながら映画として自分の頭の中で映写しているんです。ここから彼が入ってきて、ここに彼女がいて、という絵コンテを、実は物語で作っているのかもしれない。

鈴木　『タマリンドの木』という物語に魅かれる、それが理由ですね。

池澤　『タマリンドの木』は、大きなものを書こうと思って考えている時に、ある編集者に「池澤さん、その前に一つカチッとした恋愛小説を書くといいですよ」と言われて書いたものです。構造は単純。男と女の出会いの話。いわばボーイ・ミーツ・ガールです。それに加えてある種の冒険小説とした。恋愛小説はいろいろな邪魔が入って、様々な困難を乗り越えて最後に一緒になるというのが基本の筋立てです。昔は困難にも結核や戦争、家柄の違いなどいろいろあった。それが例えば菊田一夫の『君の名は』だった。なかなか会えない。でも今では世間は二人を邪魔するかわりにけしかける。だから恋愛は即成就してしまう。何が邪魔になるかなと考えて、二人それぞれの仕事の違い、そして距離だと考えた。たまたま僕のいとこが国連の仕事でタイにいた。それでタイを舞台にした。テーマはカンボジアの内戦。構想を練ってタイの難民キャンプに行った。僕は機械系に強いから、エンジンの話を挿入した。ヒロインの女性が普通に日本に帰ってきてしまったら何にもならない。もうそういう時代じゃないと思った。そうではなく、一流企業の出世コースに乗ったサラリーマンが仕事を辞めてタイに行く。

鈴木　『タマリンドの木』は何度再読しても古びない。本当にそう思います。

――現代のロビンソン・クルーソーというべき『夏の朝の成層圏』を読んだ時、ようやく自分たちの文学が現れたと思った。主人公の心を軸として描くのではなく、主人公の相貌や行動を描くことで物語を書き進める。その方法は今までの日本文学にあまりなく、ヨーロッパ文学に影響を受けたもの。鈴木さんの池澤文学の映像的な評価はワクワクしますね。

池澤　『夏の朝の成層圏』も映画的な世界かもしれない。映画化の話はあったけれど、実現しなかった。

鈴木　地理がモチーフですね、歴史じゃなくて。

池澤　そうなんですよ。欧米の人にとっては高畑作品よりも宮崎作品の方がわかりにくいという話が印象的です。彼らからするとわかりにくい顔、のっぺりとした顔こそ、宮崎さんの時代を表す表現方法ではないかと思っています。宮崎さん高畑さんのそれぞれの作品の顔の表情、表現力こそアニメーションの力だと感じます。『もののけ姫』の武士の顔、『かぐや姫の物語』の貴族の表情の変化こそ宮崎作品、高畑作品の真骨頂だと思います。

鈴木　美意識が欧米とは違います。例えば目の描き方。日本人は普通目を大きく描く。そうすると、西洋人はそれが同じようにしか見えないということです。目を細く描かなくてはいけない。それは決定的な要素の一つです。だから、そういうことをもっとみんながちゃんと理解して絵コンテを描いた方が絶対的に面白い作品になるはずなんです。

——高畑さん、鈴木さんと奈良の春日大社の夜を徹して行う若宮おん祭に行ったことがある。

ご一緒した方が古来からの闇の話を高畑さんにしたんです。高畑さんは「日本古来に闇はない。それは西洋から来た価値観だ」と言われた。当時高畑さんは『かぐや姫の物語』を制作中で、平安時代の夜を徹底的に調べていた時でもあり、その言葉は強いものだった。

鈴木　あの時は高畑さんは『かぐや姫の物語』の制作が佳境だったにもかかわらず無理して行ったのですが、本当に面白かった旅でした。高畑さんは闇という概念は西洋の近代から来たものだと言っていたのが印象的でした。

――闇は日本古来のものという一方的な思い込みを高畑さんは西洋のものだと力説されていた。印象ではなく科学として古代を分析していく、池澤さんの姿勢に似ています。池澤さんが高畑さんの頭の中はわかるというのは、真に共鳴しているとも言える。

池澤　正直に言うと、高畑さんのことは腑に落ちるんです。なるほどなるほど、そうだよなという感じで、足をすくわれることはない。それはそれで一定の安心感があるんです。でもワクワク感はない。

鈴木　わかります。加藤周一さんが池澤さんと全く同じことを言われていた。高畑と宮崎の作品をずいぶん観ていただいて、高畑さんの作るものは「わかるわな」と言う。「わからないのは宮崎駿だ」と。『千と千尋の神隠し』の後で、加藤さんは「あれだけ神様をいっぱい作るのは大変だったろう」と、不思議な物言いで、でもすごく楽しい言い方をされていた。

池澤　加藤さんの高畑さんに対する肯定ですね。

鈴木　もちろんそうです。「大体同じ考えだわな」と加藤さんに言われた。高畑さんは加藤さんの『日本文学史序説』にいちゃもんをつけた人なんです。それは「なぜこの中にアニメーションが入っていないのか」という怒りです。それをどう思っているのかと、高畑さんは加藤さんに迫った。そうしたら加藤さん、流石です。面白かったですね。一切迷いもせず「その通りだ」と答えて、それを認めた上で話が始まったんです。例えば「アニメーションというのはどこから来たのか」、そして「日本のアニメーションというのは人形劇と関係があったのだろうか」というモチーフです。その延長で人形浄瑠璃を語っていく。興味深い話でした。高畑さんも、死んじゃった。なんだかこういう時に寂しさを感じます。

アニメーションの起源

池澤　例えば『鳥獣戯画』はアニメーションの起源と捉えていいですね。その絵巻にはケレン味のある鳥獣の動きが捉えられている。
鈴木 一説には、ディズニーがアニメーションを作る時に『鳥獣戯画』を元にしたんじゃないかとも言われています。
池澤 ジブリパークの原稿の中で、アニメーションの語源について触れています。

ぜんぶの作品をぐいぐい押して動かしているのは造形力だ。いったいどれだけの異形のモノたちに我々は出会ったことか。
最初の驚きは『風の谷のナウシカ』の王蟲《オーム》だった。節足動物であり、キチン質の外骨格に覆われているように見える。しかし、でかい。
そして体節のつなぎ目が収縮して運動感を描出するあたりがまさに動画なのだ。今さら当たり前のようだが、モノの動きを描いてこそアニメーションである。この言葉が語源においてアニマル＝動物（アニマ＝霊魂）に繋がっていることを思い出そう。アニメーションでは植物さえも風に枝と葉を震わせて動く。ヒロインの少女たちがスカートをはいているのは風を表現するためだ。風は見えないが風で動くものは見える。スクリーンで見せることができる。

（『熱風』二〇二三年二月号 池澤夏樹「ジブリパークの旅、ならびにいくつもの脱線」より）

鈴木　アニメーションは命を吹き込む仕事です。

池澤　ものに魂が吹き込まれて動き出す。

鈴木　そうです。宮﨑駿はそれが天才的にうまいんです。どうしてできるのかと言われても説明できない。天性のもので誰も真似できない。宮さんの絵に対するこだわりはすごい。一切手を抜かない。僕のいたずら描きの絵に対しても真剣に見に来ます。そして何にでもライバル心を持つ。すごい人です。それで面白い人。おかげで僕の人生が豊かになりました。

池澤　そうでしょう。

鈴木　はい。あんな人はどこにもいない。あんな、と言うと悪い言い方のようですが。

池澤　先ほど鈴木さんはご自分は受身の人生だと言われた。しかし宮﨑さんも高畑さんも、鈴木さんに夢をまっすぐに語っています。

鈴木　小金井にスタジオを作る時のエピソードでこんなのがあります。そう、そこでも僕は騙されたんです。宮さんは本当にくだらないことを言い出すんです。ある日僕にこう言った。「スタジオを作ろうよ、鈴木さん」。そこまではいいですよね。そうしたら東京の地図を出してきて、「鈴木さんは恵比寿、僕は所沢だから」と言って、「ちょうど真ん中っていうと、ここかな」と地図の中の一点を指し示す。内心、そこは違うと思ったんです（笑）。でも間髪入れずに宮さんは「二人で見に行こう」と僕を誘うんです。そこ真ん中じゃないじゃん、と思いつつ、しょうがないから車で行って、その周辺をとにかく歩くんです。で、そばにいてわかったんです。あれ、この人何か目的があって歩いているなって。そうしたら案の定、ある家の前に立って、宮さんはポツンと言う。「ここの娘にフラれた」。それをいまだに恨んでいる。挙げ句の果ては、「鈴木さんさ」って言うから「何ですか」と訊くと、「フラれた後、ここから武蔵境の駅まで歩いたんだ」と。「今から二人で歩こう」と。なんでそんなことをしなくちゃいけないんだか。

池澤　傷心の散歩。でもその二人の動向がジブリパークの森の原点のような気がしますけどね。ジブリパークの原点は鈴木さんの少年時代に過ごした公園ではないですか。鈴木さんの生まれた名古屋の徳川公園とジブリ近くの小金井の野川公園。

鈴木　ジブリパークに関して実は吾朗くんに一つだけ言ったのは、参考にすべきは国際基督教大学ではないかと。簡単に言うと、森の中にポツンポツンと校舎がある。それをジブリパークに当てはめて展開するのはどうかと。

池澤　国際基督教大学のキャンパスは昔は中島飛行機の工場だった。敷地が広いんですよ。あの前の真っ直ぐな道は試験飛行のための滑走路だったんです。

鈴木　馬車か牛車に資材を乗っけて工場を作ったんですよ。

池澤　その後、戦後GHQのマッカーサーが名誉理事になり、アメリカ・キリスト教のプロテスタント派が国際基督教大学を作った。

鈴木　あそこはやっぱり面白い場所です。

横道に逸れた話

池澤　少し横道に逸れてもいいですか？　雑談です。今、毎日歩数を測って健康の維持につとめています。

鈴木　僕もちょっとなんとかしないといけない。

池澤　今日はここまでホテルから歩いてきた。ここまでで二千四百八十三歩です。

鈴木　安曇野生活は快適のようで、お見受けしたところ体調もいい感じですね。

池澤　おかげさまです。また話が変わります。どの映画か忘れたけれど、初期のジブリ作品で斯波重治さんのお名前がありました。昔、水本完さんと斯波さんでオムニバスプロモーションという音響制作会社をやっていた。

鈴木　斯波重治さん、よく覚えています。

池澤　僕が二十五、六歳の頃、生活のお金がいるので、あそこで仕事をしていたんです。

鈴木　あ、そうなんですか。場所はどちらだったんですか。

池澤　四谷です。僕の仕事はアメリカの三十分ものドキュメンタリーのテレビ番組の、台本の翻訳でした。人に会うのが嫌だから、日曜の晩、誰もいない時に事務所に行くんです。それで自分で十六ミリをかけて、英語の台本と照らし合わせながら観て、朝までに仕上げて帰ってくる。一本七千円だったから、月に二万八千円になりました。

鈴木　大きいですよね、その当時のバイトとしては。

池澤　大きいですよ。僕が借りていた北浦和のはずれの家が家賃ひと月五千円だったから。

鈴木　池澤さんとは四つ違いの僕でも、渋谷のアパートは六千円だった。

池澤　以来、時々字幕に関わってきたんです。映画のヒット作の中で僕が関わった映画はほとんどないけれど、一つだけあるんです。テオ・アンゲロプロスの『旅芸人の記録』です。

鈴木　アレは長い映画だった。

池澤　三時間五十二分。こんなもの誰が観るんだろうと思いながら、一生懸命字幕を訳していく。解説も書いた。この映画は岩波ホールから始めて十万人を動員した。日本人の映画鑑賞力も捨てたものじゃないと思った。それ以来、テオ・アンゲロプロスの映画は全部日本で公開するようになった。アメリカでは公開ゼロ。

鈴木　あの映画は学生の時に観ました。いまだによく覚えています。

池澤　一九六八年にフランス映画社を柴田駿と川喜多和子が二人で作って、最初の五年くらいはフランス映画一本も出していなくて、何なんだこの会社の名は、とよく言っていた。映画のタイトルをどう付けるか、ジブリ作品のタイトルは秀逸です。タイトル問題については僕にも経験があるんです。テオ・アンゲロプロス映画の日本語のタイトルをどう付けるか、時々問題になった。タイトルは柴田駿さんとはよく喧嘩しながら作りました。彼はやっぱり客を入れたいから、ちょっとインチキするわけです。例えば『ユリシーズの瞳』、本来は〝眼差し〟なんですよ。〝Gaze〟なんだから。あとは『こうのとり、たちずさんで』。〝たちずさむ〟なんていう日本語はないんですよ。〝佇む〟か、〝立ち止まる〟かでしょう。そんなことがいろいろありました。

――タイトルもそうですが、キャッチコピーで悩むこともある。ジブリ作品のコピーの多くは糸井重里さんによるものですが、鈴木さんからなかなかOKが出ないということです。糸井さんがジブリ作品に関わったのは『となりのトトロ』からで、「忘れものを、届けにきました。」というコピーだった。糸井さんによるとそのコピーは『火垂るの墓』と『となりのトトロ』の両方にかかるものだった。糸井さんがトトロ用に用意したのは「このへんないきものは、まだ日本にいるのです。たぶん。」だった。でもその前に書いたものがある。それは後半部分が「もう日本にいないのです」だった。その時宮崎さんが糸井さんに「〝いるのです〟にしたい」と言った。そのやりとりに宮崎さんの思いがよくわかる。

『火垂るの墓』が「4歳と14歳で、生きようと思った。」

『となりのトトロ』が「このへんないきものは、まだ日本にいるのです。たぶん。」

さらに、2本をつなげるブリッジコピーが「忘れものを、届けにきました。」

プロの技というものを感じました。

ただ、じつは『トトロ』の最初のコピーは、「このへんないきものは、もう日本にいないのです。たぶん。」だったんです。でも、宮さんが「いる」と言うので、いまの形になりました。

『火垂る』も、最初のコピー案は「これしかなかった。七輪ひとつに布団、蚊帳。それに妹と螢。」というものだったんです。僕はすごく気に入っていたんですが、新潮社のほうから「難しすぎる」という意見が出た。そこで糸井さんに作り直してもらったのが、「4歳と14歳」だったのです。

いずれにしても、名コピーですよね。実際、これらのコピーが決まったことによって宣伝はうまくまわり始めます。

（鈴木敏夫『ジブリの仲間たち』より）

出会いをもう一度

池澤　鈴木さんと高畑さん、宮崎さんの出会いが面白い。『アニメージュ』創刊時に、鈴木さんが高畑さんに電話で取材をさせてくださいと言った。高畑さんが一時間くらい電話口で話をされて、宮崎さんに代わってまた一時間話をした。宮崎さんは「十六ページくれればやる」と話された。結果その企画は幻になった。想像したんですよね、宮崎さんはその時どんな十六ページを作ったのだろうかと。

鈴木　編集部が用意していたのは八ページだったんですよ。そこへ十六ページでしょう。これは困りますよね。しかも短い期間で作らなきゃいけなかったので、断念した。

池澤　鈴木さんの八ページはどんなページだったのですか？

鈴木　『太陽の王子 ホルスの大冒険』を「アンコールアニメ」というコーナーの第一弾として取り上げたのですが、そこに高畑、宮崎の二人がコメントを出すというイメージですね。

池澤　電話口で一時間話された内容を、鈴木さんは覚えていらっしゃいますか？

鈴木　高畑さんの方は覚えていないんです。一時間は高畑さんなんです。宮さんは短かった。「そういうわけで自分ではまだ整理がついていないから」と高畑さんは言い、「だけど同じ作品に関わった宮崎駿という人がいる」と続けて、「今僕の隣の机にいるから、彼に電話を代わりますか」と言った。それで僕は「代わってください」と告げた。そして代わってからの宮さんの第一声、この台詞は忘れないです。宮さんはいきなり「あらましは聞きました！」と言う。それで「とにかく十六ページください」と。「この映画には組合運動が関わっている。その経緯を全部、何があってどうなったのかを語らせてくれるなら、自分は取材を受ける」と言う。明快でした。僕はその時、まだこの映画を観ていなかったんです。電話の直後に観に行ってびっくりした。人間の心の中にある〝光と闇〟が見事に描き出されていた。大人の映画だと思った。これはベースにあったのはベトナム戦争で、そのテーマを子供向けの映画として作っていた。これは無茶苦茶だなと思った。全くユーモアのない作品だった。当時映画評論家の荻昌弘がこの映画を絶賛していました。

池澤　はい、荻昌弘ね。

鈴木　あの人がこういう原稿を書いたんですよ。「毎年のように東映はアニメーション映画を作るけれど、日本のアニメーション映画が初めてディズニーを超えた」。この評論は高畑さん嬉しかったみたいです。

――宮崎さんが高畑勲さんのお別れの会で『太陽の王子 ホルスの大冒険』を取り上げて「膝を折らない姿勢というのは僕たちのものだ」という主旨のことを述べられた。鈴木さんとしてはどんな思いでその言葉を聞いていましたか？

鈴木 やっぱり二人は映画監督なんだということです、宮さんはその開会の辞で嘘をついているんです。「初めて会ったのは雨上がりのバス停」と言った。あれ、嘘だと思う。雨のバス停は『となりのトトロ』なんです。その前に宮さんが僕に「鈴木さん、何しゃべろう」と言うから、黙って聞いていると、宮さんが独り言のように「出会いはバス停だった」と言い始めた。その言葉をそばで聞いていたから、「本当にもう！」と思ったんです。宮さんはそういう人です。しょうがないです。その言葉にみんな感動していく。まずいですよ。僕はあまり彼の言ったことに感動しないんです。というか元々感動しないタチなので、まだ宮さんとやっている。

池澤 パートナーシップですね。それで言うと宮崎さんと奥様の関係で印象的なのは、『崖の上のポニョ』での鞆の浦の一カ月のロケの時に、「毎日絵葉書を出しなさい」と約束をさせられる。元気であることを証明するって大事です。でも、宮崎さんは自由奔放に動いて、ものができていく。その無謀さ、アニメ馬鹿さ、自由奔放さというのはすごいです。僕なんかは自分で律儀だと思う。締め切りは守る。時にわがままを言って、『熱風』八ページのところを十六ページくださいみたいなことは言うけれど。

鈴木　宮﨑駿は本当に飽きない人です。楽しくてしょうがないです。ところで池澤さんの小説も楽しみですが、狂言はもう作らないのですか？　野村萬斎の『鮎』を国立能楽堂で見てワクワクしました。面白かった。

池澤　今年（二〇二三年）八月、国立能楽堂で『鮎』は再演されます。凱旋公演です。新作の話もあって、僕から野村萬斎さんに提案はしているのですが、これからです。実現するとなるとまた忙しくなる。稽古に全部付き合うから大変なんです。『鮎』の時は毎回の稽古に顔を出した。野村萬斎さんに「池澤さん、ここどう思う？」と訊かれれば、「じゃあちょっとそれ直そうか」とその場で台詞の直しをする。終わり方についても彼もいろいろ悩んでいた。稽古では毎回違うんですよ。稽古の終わりに「この終わり方はどうだった？」と訊かれる。台詞は変わらなくても、演出方法はその都度変わっていた。舞台は生ものとよく言われます。舞台といえば、『千と千尋の神隠し』の舞台については鈴木さんはいかがでしたか？

鈴木　よく原作を尊重してくれたと思いました。歌舞伎『風の谷のナウシカ』も面白かったです。

池澤　安心して観られるでしょう、人の作品だから。

鈴木　気楽に観たいんだけれども、歌舞伎はそういうわけにはいかなかった。脚本の丹羽圭子はジブリ側の人だから。結果三年かかりましたね。

池澤　またまた話が変わりますが、鈴木さんの仕事場には志村喬をクローズアップした『七人の侍』の、他では見たことのないようなポスターが貼られている。いいですね。

鈴木　これは普通のスチールではないんですよ。フィルムの一枚を引っ張り出して、それをB倍以上のサイズに引き伸ばしている。

池澤　三十五ミリフィルムをここまで綺麗に伸ばせるんですね。

鈴木　この映画のいいところは貧しさなんです。映画には貧しさが必要なんです。

池澤　貧しさが鈴木敏夫の日本映画論の軸ですね。貧しさとは少し違っていますが最近『細雪』を観て心動きました。谷崎潤一郎の原作は何度も映画化されているけど、長女を岸恵子、次女を佐久間良子、それから三女を吉永小百合、一番下を古手川祐子が演じた一九八三年の『細雪』がいいです。

鈴木　監督は市川崑です。『七人の侍』は黒澤明一九五四年の作品です。

池澤　市川崑『細雪』は一九八三年、およそ三十年か。『細雪』は本当に細部までよく出来ていて、スタッフの技術がすごいと思った。原作をそのまま丁寧に綺麗に描いていた。よく出来た作品です。

鈴木　最近ご覧になったんですね。やっぱり関西が面白い。谷崎潤一郎も関西に行ってから女性像が変わった。

——池澤さん、鈴木さんとの最初の出会いをこの鈴木敏夫インタビュー最後になりますが、教えてください。

鈴木　僕の方が正確に覚えていると思います。渋谷のセルリアンタワーで待ち合わせをして、そこでお茶を飲んだのが最初なんです。

池澤　その前にジブリに行ったことはなかったかな？

鈴木　ちゃんとお話しした、という意味の最初です。その時のことが印象に残っていて。というのは、池澤さんは読売文学賞の選考がその後に控えていたのですが、いろいろしゃべっているうちに、つい夢中になって時間を忘れて、池澤さんが「間に合わない」と言われたんです。それぐらい盛り上がったんです。延々といろいろな話をしたことを僕は覚えています。あれもこれも話したように思う。とにかく夢中になって僕はしゃべっていましたね。よく覚えています。その次は鎌倉だった。

池澤　渋谷で僕も夢中になったから時間を忘れたわけです。鎌倉の川喜多映画記念館で「映画と文学」という展示があった。川喜多映画記念館は、川喜多和子のお父さん、お母さんに関わる映画文化施設です。そこで僕が基調講演をしたんです。普通は、ある文学作品がいかに映画化されたかという論点から語られるものが多いけれど、僕は逆に二十世紀の文学がどれだけ映画に影響を受けたかということを話した。そこに観客の一人として鈴木さんがいらしたんです。

――このインタビュー、またお時間をいただいて続けたいと思います。次回はぜひ映画についてお二人に話していただけたらと思います。鈴木さん自身、邦画は父から、洋画は母から影響を受けたとエッセイでも書かれていた。先ほど話に上がった映画における〝貧しさ論〟もとても興味深いです。

鈴木 だったら、〝テレビの影響を受けた映画〟という特集をやりませんか。僕はベルトラン・タヴェルニエ監督のフランス映画『田舎の日曜日』が好きで、今も忘れられないんです。田舎の老画家が、毎週日曜日に長男家族が遊びに来てくれることを楽しみに待っている。テレビの連続ドラマの全十三話の一本分をそのまま映画にしたような作品です。だから起承転結がない。テレビが力を持ったことによってテレビドラマの影響を受けた映画が続々作られるようになった。脚本家で言うと、山田太一という人はテレビというメディアをものすごく意識してドラマを作った人。

池澤 向田邦子さんもそうです。

鈴木 そうです。あの時がテレビの全盛かもしれない。そう思います。今日はありがとうございました。

池澤 もっと鈴木さんに訊きたいことがあったような気がする。でも、また会いましょう。

鈴木 ありがとうございました。本当に楽しい時間でした。

エッセイ

ジブリパークの旅、ならびにいくつもの脱線

池澤夏樹

十二月のよく晴れた暖かい日、ジブリパークに行った。

事前に情報を集めず、先入観を持たず、ただすたすたと歩いてまずは「地球屋」に到着。『耳をすませば』のあの洋風骨董屋が原寸の実物として再現されている。ここで「あの」と書いたのはぼくが映画を見てよく知っているからだ。以後、ここで見るものすべてに「あの」がついてまわる。万事が既知の世界である。

ジブリパークの総帥である宮崎吾朗さんが来て「地球屋」の暖炉に火を入れるのに立ち会った。暖炉は安定してよく燃える。つまり本物。

「地球屋」は斜面に建っている。正面から入った店舗は一階で、その下の階にバイオリンを作っていた工房がある。木工用の工具が整然と並び、作りかけのバイオリンが数丁分あり、すぐにも作業が続けられそうな雰囲気。

手を出して木片や工具に触れる。木工は好きでいろいろやってきたから木の感触や工具の扱いなど一通りは知っている。その場に坐り込んでチーズル（鑿）でバイオリンのネックの部分を削る工程を実行できそう。

ここは博物館であると覚《さと》った。それも手で触れられる能動的な博物館。

午後、「サツキとメイの家」に行くと、ここでも細部の作り込みが徹底していて、箪笥の引き出しを開けば中に昭和三十年代のあの家族が持っていたような衣類が入っているという具合。

箪笥の中身を見るという行為が禁じられていない。それが能動的ということである。

後で聞いたところではこの方針のゆえに展示物が壊れることも少なくないが、そのたびに補修する専門のスタッフがいるのだそうだ。


とことこ歩いて「ジブリの大倉庫」に行く。

ここは大きい。

これまで三鷹のジブリ美術館はじめ各地で開かれてきたジブリ展に出品してきたものを収める倉庫という体裁で、たしかに倉庫らしく梱包されたままの物も置いた一角もあるけれど、大半はいくつもに分かれたコーナーに（能動的に）展示されている。

まずいちばん低い階へ下りて、後は少しずつ階段を上るにつれて視界が広く明るくなる仕掛け。その途中に映画の一場面を再現したジオラマがいくつもある。実際の話、次から次へと見てゆくうちに記憶は混乱し、すべてがスタジオジブリの作品群という大海の中に流れ込む。

具体的には例えば『千と千尋の神隠し』の湯婆婆《ゆばーば》の執務室である「にせの館長室」。散らかった部屋のデスクを前にあの髪型の彼女が坐って事務に勤しんでいて、足下には緑色の「頭《かしら》」が三体転がっており、空中には契約書の類が舞っている。デスクの前面には◯に油の字のマーク。左手には大きな金庫。

あるいは『天空の城ラピュタ』の廃墟となったラピュタ帝国の庭園を模した「天空の庭」。一見したところ地味だが、緑の中に苔むした大きなロボット兵がうっそりと立っていて、これになぜか親しみを覚える。それを言うならここで出会うすべてのものが親しくて懐かしい。

直接は作品に繋がらない一角もある。「南街」という路地のような古風な商店街には「駄菓子　猫かぶり姫」、「大空模型」、「熱風書店」が並び、実際に商品が買える。

細かいところまでウィットが効いているのが愉快だ。

店々の向かい側の壁に食堂のメニューのビラが貼ってあって、どれも嘘っぽい――

きつねずし
出鱈目焼
甘うどん
いもづくし
たたら鍋
焼する👁

このあたりまで来て気づいたのだが、ここは静かだ。

人がたくさん入っているのだからそれなりの喧噪はあるが、しかしスピーカーの音はない。他のこの種の場所（と言いながらぼくは東京のＤＬ・ＤＳや大阪のＵＳＪを想起しているのだが）のような入場者を煽る仕掛けがない。煽らないし、せかさない。

「ゆっくりきて下さい。」というメッセージのとおりの悠然たる運営方針。

そもそも電気で動く乗り物がない。

大きなネコバスが子供専用と大人も乗れるのと二つあるが、これはもちろん動かない。

撮影スポットとかショップのレジとか列ができるところはあるけれども、列の長さは知れたもので「何分待ち」の表示もない。行列は一日の入場者の数を制限することで抑えられている。

来ている人たちの年齢層が幅広い。

振り返れば『天空の城ラピュタ』が一九八六年、『となりのトトロ』が一九八八年。もう三十何年か前のことだ。『千と千尋の神隠し』からでさえ二十年以上たっている。二世代三世代がスタジオジブリと共に育ってきた。ここにいる中で七十七歳の自分がたぶん最年長だろうと思った。

幼い子供が縦横に走り回っている。後ろから母親が大声で叫ぶ、「タクちゃん、勝手に先に行かないの！　お母さんはこれが見たいんだから！」

こういうところなのだ。

周囲との関係も好ましい。

ここは愛知県が経営する「愛《あい》・地球《ち》博記念公園」の敷地の中にある。

二〇〇五年の万博の跡地を利用した広大な公園の中にジブリパークの「青春の丘」と「ジブリの大倉庫」と「どんどこ森」という施設が島のように点在している。いずれは「魔女の谷」と「もののけの里」が作られる予定という。

つまりジブリパークは敷地を囲い込んでいない。施設ごとに入り口のチェックはあるけれど、その周辺は近所の人が犬を連れて散歩していたりする。

「ジブリの大倉庫」の大きな建物は新築ではなく、もとは温水プールだったものの再利用である。以前はスケート場とセットで並んでいて、そちらの方は今も現役。

「愛・地球博記念公園」は万博の長久手会場の跡地に作られた（二〇〇五年のこの万博、自分がフランス館でのシンポジウムに参加したことを思い出した）。

ジブリパークはできるだけ目立たないようにしているかのように思われる。資本主義社会における営利事業なのだから集客はしなければならないが、それを控えめにしている。騒がなくともお客は来てくれると悠然と構えているのかもしれない。投資の回収を急ぐ理由は何もないと。

目立たないことは大事だ。ぼくは新聞雑誌の書籍の広告が誇らしげに部数を書くのを好まない。みんなが読んでいるからあなたも、と誘うのは読書に向かうよい姿勢ではない。

目立つと言えば、余談ながら稜線から上へ突出して風景を壊す建造物に反発を覚える。稜線すなわちスカイラインは万民が共有する風景資産である。それを私的な事業に利用するのは許しがたい。


ジブリパークの展示物はなぜ楽しいのか。

まずは模型であるということ。

実物ではないから人はそれに対して使用の責任を持たないですむ。ただ見ていればよい。つまり一時的に日常の外に出て別世界に身を置く感覚。

そこにスケールの伸縮という遊びが加わる。

「サツキとメイの家」は実物大だが、「猫の事務所」や「にせの館長室」はずいぶん小さい。逆にアリエッティのコーナーではすべてが大きい。壁に打った釘の頭がコーヒーカップの受け皿くらいある。上の階から見下ろすと人々が本当に巨人たちの国に迷い込んだように見える。

この縮尺の異なる国は既に『ガリバー旅行記』で書かれたことだが、言葉ではなくモノとして目の前にあるところがおもしろいのだ。

ここに来る前の日、名古屋駅に隣接したホテルに泊まった。

窓から見下ろすと目の下が駅。プラットホームが何列も並び、新幹線をはじめたくさんの列車が整然と出入りする。ホームには人まで歩いている。しばらく夢中になって見ていた。鉄道模型のジオラマで、それがちゃんと動いて、4Kの精度で隅から隅まで鳥瞰できる、って話が逆だよね。

もう一つ。

インドにスタジオ・ムンバイという建築設計集団がある。率いるのはビジョイ・ジェインという人で、文字を知らない職人たちの力を束ねてよい建築を作るのが基本方針。

東京で開かれた展覧会を見て感心したことがある。施主のために施工に先立って模型を作ることは建築家ならば誰でもするが、スタジオ・ムンバイではそこに実物を使うのだ。つまり煉瓦の壁があるところはミリ単位の煉瓦を焼いて積み上げる。質感がそのまま伝わる。発泡スチロールとは印象が違う。

それと同じ実物感がジブリパークにはある。

「ジブリの大倉庫」の大階段を飾る不定形のタイル一枚ごとの艶と輝きにそれを見ることができる。

ジブリパークの本性は博物館である。

しかしここには博物館に付きまとう淋しさがない。

同じように万博の跡地にできた施設として大阪・千里の国立民族学博物館がある。ぼくが大好きな場所で何十回となく行ったし、スタッフに友人もいる。

民族学ないし文化人類学が主軸だから世界各地から集められた民具が展示されている。

そして淋しい。

使う人の手を離れて蒐集品となった民具は人の手の温かみを失って当惑しているように見える。

バリ島のガムラン楽団の楽器が十メートル四方のコーナーに並んでいる。人が来ればすぐにも演奏が始まりそうだが、しかしここに奏者たちが来ることはない。

アフリカの金細工師たちが使う凝った形の分銅がガラスケースの中に百も二百も整列しているが、これが金の延べ板の目方を量ることはない。

沖縄海洋博の時に南洋のサタワル島から星の航海術によって来た外洋航海カヌー「チェチェメニ号」もここに収まっているけれど、二度と海に出ることはない。

それが淋しい理由である。

ジブリパークのモノたちはまだ実用と紙一重のところにいる。人の手が触れる。

「サツキとメイの家」にあるシンガーのミシンを任せてもらえばぼくは三十分で整備して注油して完動品状態に戻せる（小学生のころ、これでご近所から感謝されたものだ）。

展示物の背後には今や多くの人たちの資産となったスタジオジブリの作品群の集合記憶がある。入場者はこれはあの映画のあの場面といちいち引照しながら楽しんでいる。まるでジブリ検定というゲームのよう。

その先には現実の三次元からスクリーンの二次元を経て模型の三次元に戻るという往復の遊び感がある。

これはアニメーションの原理に関わることだ。

実写の映画ならば二次元化はレンズが勝手にやってくれるが、アニメーションではすべてが人の頭脳を経て一枚ずつのセル画に描出されなければならない。アニメーションでは気づかぬうちに何かが画面に映り込んでしまうということは絶対にない（時代劇の遠景に電信柱とか）。

この厖大な労力が結局は見る快楽を生み出す。

企画展示「食べるを描く。」に箸づかいをアニメで表現するのはむずかしいということを改めて知った。いくつもの場面や絵コンテが並んでいて、料理の一片を箸で摑んで口に運ぶという動作がいかに動画化されるかがわかる。幼い子は箸の真ん中あたりを持つとか、がっつく時は動きが速いとか、日常の自分たちのふるまいが目の前に再現され、見る者はいちいち納得する。その時、ぼくたちは頭の中でその箸の動かしかたを三次元の生身の自分のふるまいとして再演しているのだ。

ストーリーを追う者は気づかないだろうが、こういう細部がアニメーションを見る喜びを構成している。

ジブリ作品の思想についてはすでにたくさんの論があるからぼくは回避しよう。

ぜんぶの作品をぐいぐい押して動かしているのは造形力だ。いったいどれだけの異形のモノたちに我々は出会ったことか。

最初の驚きは『風の谷のナウシカ』の王蟲《オーム》だった。節足動物であり、キチン質の外骨格に覆われているように見える。しかし、でかい。

そして体節のつなぎ目が収縮して運動感を描出するあたりがまさに動画なのだ。今さら当たり前のようだが、モノの動きを描いてこそアニメーションである。この言葉が語源においてアニマル＝動物（アニマ＝霊魂）に繋がっていることを思い出そう。アニメーションでは植物さえも風に枝と葉を震わせて動く。ヒロインの少女たちがスカートをはいているのは風を表現するためだ。風は見えないが風で動くものは見える。スクリーンで見せることができる。

話をもとに戻せば、実物大、全長七十メートルの王蟲がいつかジブリパークの一角にふっと出現しないかとぼくは夢想する。あのサイズでただそこにいるだけでいい。敷地は充分に広いぞ。

異形のモノ。『となりのトトロ』のそのトトロ。アニミズムの権化である。かわいさと畏怖の念を同時に見る者に伝える形態とサイズと動作。顔はアルカイック・スマイルのままだし、動きはなんの動力も体の動きもないまま浮遊・飛翔するだけ。それでも雨のバス停で隣に大きなトトロがいることに気づいたサツキの静かな驚きを映画の観客は共有することができる（メイはその前に会っている）。

そしてそこに来るネコバス。その顔の上にある回転式の行く先表示板も懐かしい。普通のバスならばあれは始発の停留所で車掌さんがハンドルを回して次の地名を出すのだ。

なんでバスがネコなのか。初めて見た時、あの組合せにほとほと感心した。絵コンテを描くペンの先からひょいと生まれたのだろうか。ひょっとして下敷きに『不思議の国のアリス』のチェシャーキャットがありはしないか。テニエル挿絵のあの笑う猫。

マックロクロスケ（ススワタリ）の場合は形は単純で数と動きが存在を主張する。途中から二つの目が見えることで生き物の感じがぐんと増す。これも一種の異形だろう。

同じことは『もののけ姫』のコダマについても言える。数の動きなのだ。同じく王蟲の触手やタタリ神と化した猪神の体から生えて動く無数の細長いタタリヘビ。

（こうやってアイテムを一つずつ列挙することでぼくはこの誌面に小さなジブリパークを作っているのであり、見てまわる楽しさを再現しているのだ。コダマのアシンメトリーな顔は『天空の城ラピュタ』のロボット兵の顔の引用であるとか指摘して得意になる。ロボット兵のサイズと機能は『風の谷のナウシカ』の巨神兵を引き継いでいる）。

飛ぶこと。

ネコバスは空を飛ぶ。送電線の上を走っているように見えてあれは実は飛んでいるのだ。快速の移動感を出すために地面にあるものが利用される。躍動感ある画面を作るためには一気に高い空を飛んではいけない。

実際、ジブリ映画の中では主人公はよく空を飛ぶ。『天空の城ラピュタ』の飛行石がみんなに配布されているかのようだ。なぜならポルコ・ロッソの言うとおり「飛ばねぇ豚はただの豚」だから。

最初期の『天空の城ラピュタ』では飛ぶことは飛べないこと、つまり落ちることとセットで表現されていた。そのためにあの映画では縦方向に深い構図が多用される。シータとパズーは何度となく落ちて、斜面や階段を何度となく登る。縦方向の移動がかぎりなく続く。鉱山には

エレベーターまである（逆にリアリズムに戻った『風立ちぬ』では飛ぶのは飛行機だけだから
その世界はとても静謐に見える）。
　何百万年の昔、我々がまだ樹上生活をしていた頃には落下の恐怖はなかった。周囲は枝と小
枝に囲まれていて手でも足でもそれを摑むことができるのだから落ちるはずはない。落ちる恐
怖が生まれたのは地上に降りて直立二足歩行を始めた後、たまたま樹上に戻ったりした時だ。
　しばらく前までぼくはよく落ちる悪夢を見た。高い建物の中を移動しているうちにいきなり
壁の外へ出て足下は奈落、身動きがとれなくなる。一度などはヨーロッパの王宮の広い舞踏室
の二階の高さの壁面に設置されたミンストレルズ・バルコニー（伴奏のための楽団がいるとこ
ろ）から落ちそうという凝った場面だった。
　アニメーションの中では人々は実写の場合よりずっと引力から自由であるように思われるし、
ジブリの作品はこの特権を乱用している。『耳をすませば』の舞台となっている町に落下の恐
怖はないが主人公の月島雫はいつも息を切らして坂や階段を駆け昇り駆け下り、風景はいつも
見下ろす構図に収まっている。実写ならばまるで黒澤明の『天国と地獄』の階級差を表す高低
差のようだ。

「ジブリの大倉庫」の目立たない一角にマルチプレーン・カメラがあった。

昔の電話ボックスくらいの大きさで、本体は四本の鋼鉄の柱。そこに何枚ものガラスの棚が設置してある。棚の位置は上下に調節できる。ここにセル画を置いて下から照明を当て、いちばん上にあるカメラで撮影して、それがアニメーションの一齣になる。各棚の間の距離とレンズの焦点深度の組合せで画面に遠近法の効果が生じる。近景はくっきりとして遠景はぼやける。すべてがデジタルになった昨今では使われないのでここに運ばれて安置されたのだろう。

そう、セル画だ。デジタル以前。

透明なプラスチックのシートに線画を描き、その区画の中に裏から顔料の絵具を差す。それをたくさん作ってここに運び込んでこのカメラにセットして撮影する。

一秒に二十四齣。一齣ごとに絵を変える「一コマ打ち」ならば二十四回、「二コマ打ち」でも十二回の撮影が要る。それを上映時間の分だけ繰り返す。

たくさん作って、と書いたが、『崖の上のポニョ』ではその数は約十七万枚である。

アニメーション作りは手作業の労働力に支えられた産業である。子供の時に学習ノートの角のところでパラパラ漫画を作ったことがあるが、○が□になって△になるというような簡単なものでも手間がかかった。あれを精密な絵にして十七万枚。

厖大な労力の積み重ねによって創造の成果が得られる。

その頂点にすべてを統括する制作者／監督がいる。

古代ローマ帝国の貴族は数百人の家事奴隷と数万人の農業奴隷を使っていた。そのさまは例えば『サテュリコン』など今に伝わる文芸作品に見ることができる。今の時代の我々はエネルギー資源と電気の応用でローマ貴族と同じくらい安楽な生活を送っている。

しかしアニメーション映画の制作現場はデジタル技術に置き換わる最近までローマ帝国の状況だった。

ぼくはマルチプレーン・カメラを神社に見立ててその前でちょっと頭を垂れた。みなさま、ごくろうさまでした。


この文章、自分でも収拾がつかなくなっているのがわかる。

ジブリワールドのそぞろ歩きは果てがない。息を切らして「どんどこ森」の山頂まで階段を登って、「どんどこ堂」の大きなトトロに挨拶したところで、リニモの駅に向かうことにした。

この日、ざっと八千歩は歩いた。

第三章

宮崎駿の新作『君たちはどう生きるか』を語る

二〇二三年七月はじめ、池澤夏樹は十年ぶりの宮﨑駿の新作『君たちはどう生きるか』の上映を、鈴木敏夫と観る機会を得た。約二時間あまりの映画上映の後、鈴木敏夫は恵比寿にある事務所〝れんが屋〟の一角に池澤を案内した。ドアを開けると、ウィリアム・モリスの「いちご泥棒」に統一された天井が目を惹いた。インディゴ抜染に赤や黄色を取り入れた更紗、深い青がサファイアのように煌めいた花と苺と鳥が部屋全体を包み込む。鳥が苺をついばむ意匠に池澤はしばらく見惚れていた。本棚には堀田百合子から贈られた堀田善衞の蔵書があり、東西の哲学書をはじめ古典から現代文学におよぶ本が整頓され飾られていた。まさに物語に囲まれたこの静けさが心地良く、モリスの美しいケルムスコットマナーの庭を想像したのか、池澤は開口一番に「映画に出てくる塔の書斎に入ったようないい気分です」と微笑んだ。先ほど観ることができた宮﨑駿『君たちはどう生きるか』の登場人物の一人として、塔の中に迷い込んだ主人公と同じように冒険心を駆り立てられる不思議な気分になった。そこからは、池澤による鈴木敏夫へのインタビューの時間となった。インタビューのテーマは宮﨑駿『君たちはどう生きるか』、私たちは映画の続きを生きて、ファンタジーの世界にいた。

アニメーションを観る快感

池澤 さて、いよいよ宮崎駿『君たちはどう生きるか』が始まります。

鈴木 はい。ひと足早く観ていただき、ありがとうございます。観ていただくことはいつでもドキドキするんです。

池澤 十年ぶりの宮崎映画、面白かったです。

鈴木 ありがとうございます。

――『君たちはどう生きるか』という作品は、過去の宮崎駿作品の様々な要素が詰め込まれたファンタジーと感じられました。森のように広がったいくつもの謎が、最後にきちんと氷解して大団円を迎える。最後は思わず目頭が熱くなりました。この感動は一体なんだろうか、エンドロールを観ながら、ふと自分たちの生きている場所を重ねたのです。映画の舞台は太平洋戦争の真っ只中、主人公は十一歳の男の子の眞人、自分はこれからどう生きるのか、揺れながら必死で生きようとする姿勢を描いている。この新作は人間の根源的なテーマを宮崎駿が観る者につきつけている。なぜ生きているのか、どのように生きるのか、その問いかけこそ宮崎駿の集大成でもある。『君たちはどう生きるか』は、あくなき挑戦を続けるその意志を感じる、圧倒的な若々しい力に満ちた意欲的な作品でした。まず、池澤さんの映画の感想から教えてください。

池澤　普通の順序だと、物語を動画に置き換えていきます。今回の映画の作り方は逆だと思う。つまり、絵の方が出てきて、それに合わせて物語が後から追っかけてくる。

鈴木　おっしゃる通りです。

池澤　この順序の違いが面白い。絵の方がいくら凝っても話がどんどんついてくる。アニメーション映画として気づいたことは、小さいものが動く不思議さ、たくさんの小さいものの動き方がいよいよ過激になりました。

鈴木　時間を余分に取った。あえて締切を設けずにいた。宮さんがやりたいだけできるようにしたんです。

池澤　基本は少年の試練。ある英雄物語のパターンが踏襲されている。主人公は誰かによってある使命が与えられる。動き出すと次々に試練が起こり、しかし手を貸してくれるものも現れる。最終的にはその試練を乗り越えて、任務を果たして帰郷するという展開。英雄は神様ではなくまぎれもない人間、ギリシャ神話にもケルト神話にも登場する。英雄物語はジョーゼフ・

キャンベルというアメリカの神話学者の本（『千の顔をもつ英雄』）から広まったもの。世界最古の英雄譚といわれるギルガメシュの冒険からオデュッセウスの苦難の旅、善財童子の修行、イザナギとイザナミの物語を解き明かしている。英雄譚の中でも一番よく知られているのはジョージ・ルーカスの映画『スター・ウォーズ』。若者がミッションを与えられ旅に出る。途中で手を貸してくれる仲間ができて、しかし試練は続いていく。一番大事なのは主人公が勇気を持って前へ出ること。いろいろな危機があり、困難も待ち構えているが、ともかく前へ、前へと出ようとする姿勢、その意志が大事なんです。『君たちはどう生きるか』の主人公眞人も同じような役割が与えられている。

鈴木　そうですね。

池澤　その英雄物語の基本を押さえていれば、あとはいくら遊んでも話は続くし、最終的にすべての伏線を回収できるという確信が宮崎さんにはある。破天荒であってしかしきっちり安定している。でもやっぱり、一つの場面から次の場面へいく、あるいは一つの状況から次の状況へいく、というところはもう絵の力に任せて、どんどん作っていく。宮崎映画に意味を求める必要はない。「これは何なんだ」と言い出すときりがない。多分評論家のみなさんがやるでしょうけれど。

鈴木　大変でしょうね。

池澤　僕はそういうことを言わない。ぼーっと見惚れて、「いいな」と思った。
鈴木　そうですか！　ありがとうございます。
池澤　ひたすら、アニメーションを観る快楽に身を浸しておりました。
鈴木　そう観ていただいたのなら、嬉しいです。
池澤　宮﨑駿さんの前作『風立ちぬ』は比較的地味な話でした。
鈴木　そうですね。
池澤　『風立ちぬ』は、堀辰雄のいくつかの原作がベースにある。なので吉野源三郎の表題からこの新作も一見原作があるように思われたけれど、見事に騙されました。
鈴木　はい、これはないです。
池澤　『君たちはどう生きるか』は名前だけ冠されているが、原作ではない。
鈴木　はい。
池澤　ストーリーよりは、アニメーション本来の力である絵作りに、宮﨑さんは徹底的に身を投じた。その作品作り、圧倒的な時間のかけ方に凄みを感じました。
鈴木　そうです。少し説明します。『君たちはどう生きるか』という作品作りはいつもと違うんです。何が違うかと言ったら、まずは制作期間。いつもだと準備が一年、実作業は大体二年なんです。それが今回は、準備が二年半くらい。そこから制作に五年かけたんです。もう、圧倒的な時間をかけた。それと、実力のある優秀なアニメーターを集めた。その力に負うところがかなり大きいです。プロデューサーとして、時間をかけて作品を作りたい、そして若々しい宮崎作品を観たいという、二つの思いがあった。それにはお金もかかる。宮崎駿はジブリのために長い間働いてくれた。最後、本人がやると言うのであれば、好きなだけやってもらおうと思っていたんです。どちらかと言うと宮さんは、締切があってその範囲の中でやることが好きな人なんです。でもそれをやめて、今回は自由に作ってくださいと伝えた。最初は戸惑っていたみたいですけど、それが何か違うものをもたらしてくれるのではと期待していた。その結果、好き嫌いを超えて……、一つの映画としてある種の格と言うか、そういう凄みが出てくるんじゃないかなと期待していたんです。

――いつもと違う作り方は、最初から鈴木さんとしては意識されていたことと。

鈴木　そうです。いつもと同じことをやるんだったら、やってもしょうがないと思ったんです。最初から提案しました。果てしなく長い時間をかけて作ろうと。お金もちゃんと用意してあるからと伝えた。ちょっとした贅沢です。宮さんには、好き勝手に作ってもらう。僕も宮さんの新しい作品を観てみたかったんです。何ができるのか、可能性を信じていた。やっぱり、締切があることによって手が回らないことがある。手を抜くこともある。その手を抜かないとどうなるんだろうかと思ったんです。ある種の享楽的な要素も入ってくるかもしれないけれど、それはそれでいい。僕自身が宮崎駿の渾身の力を見たかった。そしてそれをお客さんが共有してくれるならばこんな嬉しいことはない。

宮さんとは長くやってきましたからね。『風の谷のナウシカ』を公開したのは一九八四年、準備に入ったのが、なんだかんだでその二年前くらい、そこから半年の作画期間で作っていますからね。それから四十年。一回くらいはこういうことがあってもいいかなと思ったんです。

池澤　宮崎さんにやりたい放題をやってもらうということが何よりも鈴木さんは大切だった。

鈴木　そうです。それが彼への、一所懸命やってくれたお礼と言うのはおこがましいですけれど、感謝の気持ちが何よりも僕はありました。

池澤　いろんな場面が浮かんできます。やっぱり、宮崎さんの絵のアイデアがすごいです。

鈴木　宮さんは本当にアニメーションが好きなんです。アニメーションでしかできない、とてつもないアイデアを次々に考えますから。

池澤　青サギが塔の中に逆さになって入っていくシーンや、大きなインコが上界と下界をつなぐ扉を開けると小さくなって出てくるなんて、まさにアニメーションしかできない世界です。そういうアイデアが新作には二百も三百も入っている。細部におよぶ仕掛けがたくさんある。

鈴木　宮崎駿という人は実に面白いことをいろいろ考えますよね。自分がどういう道を辿ってここまでやってきたか、この映画でそれをやりたかったんです。ただし物語はそれに即してはいけない。どうやって一般の人が観て面白いものにできるか。それがテーマでした。主人公は宮崎駿自身なんです。だからいい男に描いてしまっている。ね、宮さんはあんな顔じゃないですよね。

池澤　『紅の豚』の豚になった中年のパイロットも宮崎さん自身でした。でも眞人は振る舞いも立派だし、前に進む勇気もある。宮崎さん、最後に一番自分がおいしいところを持って行きましたね。

鈴木　そうなんです。

『君たちはどう生きるか』の制作過程

――『君たちはどう生きるか』という作品を宮崎さんが映画にする。あらためて吉野源三郎の小説を読み直しました。この作品はいろいろなエピソードが連なって、まるで聖書のように読み解けたんです。しかし宮崎作品を観て、吉野源三郎作品はほとんど関係なかった。唯一関係あるとすると、主人公が疎開先で本を贈られるシーンをわざわざ作ってある。次に主人公を取り巻く様々な出来事をいかに克服するか、その本がいわば啓示の役割を果たしている。宮崎さんご自身で幕引きを図りながら、まだまだファンタジーの可能性を発見するような作品でした。物語の展開とは関係のない発露というか、鉱脈をまた見つけてくるしたたかさというか、宮崎さんの絵作りの凄みを感じました。

僕が『君たちはどう生きるか』（編注／初版は新潮社より一九三七年発行。現在、岩波文庫版、ポプラ社版などがある）という本を初めて読んだのは小学生の時で、確か教科書に載っていた記憶があります。

その後、家の近所に変な古本屋が出来て、そこで再び出会った——というか、それが一冊の本としての『君たちはどう生きるか』を手にした最初です。

（中略）

初めて本を手にとって、ページをめくったときに感じた印象は今でもよく覚えています。冒頭に主人公のコペル君が叔父さんと一緒に雨の中をハイヤーで帰って来る挿絵があるんですけど、それを見た瞬間にわけもなく物凄く懐かしくなったんです。

まだ小学生だった僕が、「懐かしかった」なんて感じるのはおかしな話ですが、本当に懐かしかった。もちろん、そんなシーンは自分が生きてきた記憶の中にはなんの痕跡もないし、どうしてそれが懐かしいんだかも全く理解できない。そういう映像をかつて見たのか、そういう経験をしたのか、それも自分の中で渾沌としていてわかりませんでした。
それと似た経験は、実はもっと小さいころにもあって、ただ男の子が歩道を歩いているだけの絵がひどく懐かしく感じられたことがあった。詰襟の服に半ズボンをはいて小学校に通っているような格好の少年たちが歩いている絵で、でも、僕がその絵を見た当時は、そんな歩道なんてもはやなかったし、そういう風景を懐かしく思う体験は僕の中にはありませんでした。
だから懐かしいという感覚は、自分の記憶にあるから懐かしいのではなく、もっとべつの何かがあるんじゃないかということを、子供ながらにうすぼんやりと意識したことを覚えています。ある意味で、そういうふうに何かを懐かしく想う感覚を、僕はこの本の挿絵を目にすることで学んだといえるかもしれません。

（『熱風』二〇〇六年六月号 宮﨑駿「失われた風景の記憶」より）

鈴木　まあ、初めてですからね、こんなに長くやったのは。
池澤　でもその間ちゃんと意志を持続させてアイデアが湧いてきて、手が動いて、それで次の絵ができて物語が一歩進む。

鈴木　無制限に時間をかけるという今までとは違う作りをした。要するに、若い時は時間もお金もない。それこそ身を削らなければいけないわけです。宮さんの働き方というのは、付き合ってわかるんですけど、朝の九時には会社に来ているんですよね。それで、もうダーッと午前四時まで働く。ではその間、ご飯はどうするのかというと、奥さんの作ってくれたお弁当がある。それを箸で真っ二つに分けて、宮さん曰く「これがお昼ごはんでこれは夜ごはん」となる。このサイクルで仕事をダーッとやるわけです。しかも作品に入ったら休みなし。そういう人とずっと付き合ってきて見ていると、なんと言うか、過去作ではいつも苦しそうに映画を作ってきていたんです。唯一『となりのトトロ』だけは明るかったという記憶があります。

池澤　なぜですか？

鈴木　『となりのトトロ』は、同時公開として高畑勲さんの『火垂るの墓』があった。それによって二人三脚でやればいい、映画の興行成績は自分一人の責任じゃない、と。そんな自縛から宮さんが解放されたんです。普段はおしゃべりだけど、それ以外の作品制作の時は、しゃべらなくなる。それくらい自分に対して、克己心というのか、厳しい人なんです。でも『となりのトトロ』に関しては、鼻歌を歌いながら作ったみたいなところがある。『もののけ姫』や『千と千尋の神隠し』は、自分に対して厳しいものを課していた。だから僕としては今回は時間をかけようと思ったんです。いろいろ頑張ったおかげで、お金には余裕があった。若い才能にも出会えた。そうすると、宮さんはかつてやらなかったことをやったんです。それは、この作品からある意味距離を取っていたんです。その距離を楽しんでいました。これは初めてですよ。いつもはもっとのめり込む人なんだけど。それをそばで見ていて、この方法が果たしてどっちに転ぶか、その結果が僕は一番楽しみだったんです。もちろんいい方向に行くといいと思っていましたが。

池澤　距離を取るということは、吉野源三郎の原作に対してですか？

鈴木　ちょっと僕の説明が悪いかもしれないけれど、宮崎映画は『風の谷のナウシカ』が一番いい例ですが、基本構造は推理劇だと僕は思っているんです。主人公のナウシカが、自分で見て行動して経験する、その情報しか映画は教えてくれない。

池澤　ナウシカの目に映ったものだけが世界。

鈴木　そうです、宮さんは引いた目で客観的にこうだっていうことは絶対にやらない。でも、『君たちはどう生きるか』はちょっと違うところに行ったと思っている。

池澤　『風の谷のナウシカ』の場合、一人称の視点だけで成立させた。小説ではよくあることなんです。僕も大体そう。「彼はこう思った。しかしその時彼女はこう思っていた」とはしない。「私はこう思った」だけで行く。ナウシカの一人語りで物語が進められる。

鈴木　「一方で彼は」というのがない。だから大変なんです。主人公のナウシカは出ずっぱりなんです。本当のことを言うと、『風の谷のナウシカ』の漫画はすごく読みにくかったです。客観的に考えて宮さんに「一方ここでこうなっていた」というのを入れませんか、と言うと「なんで普通にしたがるんだ」と怒られました。僕は常に当たり前をやってきたんです。当然のこと、当たり前のことを僕は言うんです。

池澤　宮﨑駿にはそういう人が必要だったんだ。

――前作『風立ちぬ』は堀辰雄が作り出した物語の主人公と、実在した航空技術者の堀越二郎という二人の人物がモチーフとして映画の中で織りなされていった。若かりし頃の二郎と菜穂子との出会いは、堀辰雄の『美しい村』『風立ちぬ』『菜穂子』という三つの小説が一つになって映画の中に展開されている。一方、映画『君たちはどう生きるか』では、この原作は母から贈られた本として登場するだけ。もっと原作から離れて、自由に飛躍するという面白さをすごく感じました。

鈴木　宮さんがこの『君たちはどう生きるか』をやりたいと僕に言った時、「この本いつ読んだんですか？」と宮さんに訊くと、宮さんは「中学の時」と答えた。それでさらに僕は「どこで？」と訊くと、「古本屋で見つけた」と言うんです。別の日にもう一度同じことを訊くと、「小学生の時にお袋が読んで聞かせてくれた」と答える。次にまた訊くと、「お袋がくれた」となる。とにかく、吉野源三郎の『君たちはどう生きるか』という本との出会いを訊くたびに、答えが違うんです。面白い人、それが宮さんなんでしょう。あの人にはいつも〝いま、ここ〟しかない。

池澤　なるほど。今が大事、そしてここが大事。

鈴木　そう、面白いです。自分の生まれた場所もしかり。昔はいろんな人から取材を受けていた。「どこでお生まれなんですか？」って訊かれると「本郷です」と答える。それで次の機会に訊かれた時は「両国です」となる。びっくりするわけですよ。もう訳わからないです。僕もそばにいながら、どうしてこうなんだろうなって不思議なんです。

――宮崎さんによる高畑さんへの追悼文でも、二人の出会いが実際とは違っているという鈴木さんの指摘にあるように、その都度変わっていく。

鈴木　その時の宮さんの気分、そういうトクな性分です。

池澤　稀代のストーリーテラーですね。

鈴木　そばで見ていると面白いですよ。

池澤　でも、最初のきっかけとしては吉野源三郎の『君たちはどう生きるか』を真ん中に据えて、そこから作っていくというアイデアがあったわけでしょう？

鈴木　そうですね、それだけはありました。

池澤　その構想がだんだん萎んで一部だけになってしまう。お母さんが遺してくれた本という設定だけが残った。でも本の中身には入っていかない。コペルくんの名前も出てこない。

鈴木　出てこないですよね。原作とは関係ないです。

池澤　それに世間は見事に騙される。

鈴木　なんて言ったらいいのかな……。少しだけお話しすると、宮さんの実のお母さんは身体が弱くてずっと入院していたんです。宮さんは四人兄弟の次男で全員が男。家事は代わりばんこに、兄弟のうち誰かがやらなければいけなかった。その中で、お母さんの面倒から家事まで一番頑張ったのが宮さんだった。お母さんへの思いは強くて、今までもいろいろな形で姿を変えて作品に残してきたんです。それが時々横道に逸れるからわけがわからなくなる。今回は真正面から母を描いている。ちゃんと宮さんの気持ちを表現している。

池澤　『君たちはどう生きるか』は、ある意味、自分へのご褒美でもあったんでしょうね。

鈴木　宮さんから映画の構成の話を聞いていると面白いんです。映画の中に大伯父が出てくるじゃないですか。自分を抜擢してくれて、このアニメーションという世界でなんとかやれるというきっかけを作ってくれた先輩である高畑勲さんがこの大伯父のモデルなんです。『太陽の王子 ホルスの大冒険』が、宮さんにとって高畑さんとの最初の仕事です。宮さんはそのことを非常に感謝している。当初、『君たちはどう生きるか』ではあの大伯父が物語の中で主人公の眞人に、これからどうして生きていくかという道筋を出してくれるという話だったんです。それが、作っている最中で高畑さんが亡くなった。そうすると亡くなった瞬間に、宮さんはその呪縛から……なんて言うのかな、そんなこともういいよと自分で自分を納得させる。高畑さんが死んでしまった今となったら、もうその道筋を捨ててしまう。飽きたっていう言葉でね。もう本当に無茶苦茶なんですよ。でも僕としてはこれが実に面白いんです。

池澤　逆ですね。追悼ではなく忘却に走る。

鈴木　それで、次に何をしようかと考える。自由でいいです。宮さんはシナリオは二の次で絵が先の人です。字で書くとそれに縛られるわけじゃないですか、それが嫌なんでしょう。

池澤　大きな枠として、『君たちはどう生きるか』は、僕は英雄の試練と言ったけれど。

鈴木　そうですね、それはあります。

池澤　『風の谷のナウシカ』や『千と千尋の神隠し』『もののけ姫』は、世界の秩序が壊れかけた時に、若い誰かがそれを救おうとする物語としてある。しかしこの『君たちはどう生きるか』では、まず頑丈な物語のフレームを作っておいて、途中、それはどこかへ行ってしまっても何をやってもいいという鈴木さんの対応はすごいと思う。それがジブリの新しい魅力になっている。

鈴木　おっしゃる通りです。映画の最後の方に大伯父が登場する大事なシーンがある。作る過程で宮さんは大伯父のことを忘れていたんです。で、急に思い出した。それで突然「鈴木さん、こうするよ」と言って登場させた。宮さんは、ついサギ男にとらわれて夢中になっているうちに、いつのまにか大伯父はどっかへ行っちゃったんです。で、戻ってきた時には正直ホッとした。ようやく大伯父が帰ってきたと思いました。編集者として考えた時に、連載物の作者としては、宮さんは実に面白い人なんです。何が出るか、何が起こるかわからない人なので。

池澤　うん。わかります。つまり、昨日まで書いたところを読まないで今日のところを始めていく。

鈴木　そう！　いつもそうです。だって、数カ月前のことですが、『風の谷のナウシカ』を読んだらしく、「初めて読んだよ、鈴木さん」って宮さんに言われた。

池澤　雑誌『アニメージュ』の連載？

鈴木　そうです。宮さんは「こんな話だったんだ」としたり顔で僕に言う。もう、何言ってんだこの人はって、呆れました。でも、僕はあれだけ自由だと、本人は幸せなんだろうな、って思うんです。

アイルランドの児童文学から

――二〇一七年に鈴木さんが出された『ジブリの文学』の中で、新作映画のさわりが書かれていた。ある日宮﨑さんからアイルランドの児童文学を「鈴木さん読んで」っていうふうに言われたと。時間軸を経て新作の制作過程を繙いていただけますか。吉野源三郎からアイルランド文学がどうつながっていったのか。例えばジョン・コナーの『失われたものたちの本』。

宮さんが一冊の本をぼくに提示した。

「読んでみて下さい」

アイルランド人が書いた児童文学だった。宮さんは、毎月、三冊から五冊の児童書に必ず目を通す。その中の一冊だった。初夏の暑い日。ぼくは、その本を一気に読んだ。そして、面白いと思ったし、いまこの時代に長編映画とするに相応しい内容だと判断した。翌朝、そのことを伝えると、宮さんは満足の表情だった。

「しかし、どういう内容にするかが難しい。原作のままでは映画にならない」

そして、付け加えた。

「ジブリは映画を作るべきだ」

それは正論だ。やれるものならやりたい。しかし、いったい、誰が作るのか。この時点で、宮さんにしても自分が作るとは言い出していない。

季節は梅雨になった。宮さんが別の企画を持ち出した。今度も外国の児童書だった。ぼくは再び、一晩で読んだ。宮さんが質問してきた。

「どちらをやるべきか」

ぼくに迷いはなかった。

「もちろん、最初の本でしょう」

七月に入ったばかりのころだった。宮さんが企画書を書いた。

そこには三つのことが書かれていた。

一つ目。「引退宣言」の撤回。

二つ目。この本には刺激を受けたけど原作にはしない。オリジナルで作る。そして、舞台は日本にする。

三つ目。全編、手描きでやる。

（鈴木敏夫『ジブリの文学』あとがきより）

鈴木　アイルランドの児童文学をそのままやっていったわけでもないんです。宮さんは原作を与えられても、その趣を全部消してしまう人なんです。その点では常に人に迷惑をかける。だからまあ、なんて言うんだろう。設定としては児童文学があったかもしれない。自分が子供の頃にお母さんが亡くなっている、そのお母さんから本を読むことの面白さを教えられた、そこですよね。それをヒントとしてもらって、自分もそうだったからやろうとしているんでしょうね。だから本当に僕は感心するんです。出会って以来、宮さんはいわゆる児童書を毎月四冊から五冊、ひたすら読んでいます。出会って四十五年なんですけれど、月に四冊と数えても年間四十八冊でしょう。四十八冊×四十五年読んでいるんですよ。すごいですよ。優に二千冊を超える。

池澤　それは原作探しではなくて。

鈴木　はい。

池澤　本を読むのが好きで、特に児童文学が好きだから読んでいる。

鈴木　そうです。同時に、仕事をしているふりをしなきゃいけないと思っている人だから、児童文学を読んでいる時には、本当は読者として楽しんでいるにもかかわらず、「原作を探しているんだ」と言い訳を言う。嘘ばっかりです。でも楽しいんです。極端に言えば、宮さんは他のジャンルの本はほとんど読まない。児童文学の中で気に入った本を何回も繰り返し読む。これは僕はもうついていけないです。そして時々僕に勧める本のタイトルには、なぜか全部「庭」という文字や概念がついている。『秘密の花園』（フランシス・ホジソン・バーネット著）。日本のものも海外のものも、庭を想起させるものは宮さんは全部読んで、かつ気に入るわけです。

池澤　なぜ庭が？

鈴木　宮さんは庭という設定が好きなんです。実際、作品ごとに自分で主人公の住む家の庭を設計し作ってしまう人なんです。それでまたその庭が実にいいんです。いわば箱庭の中に、主人公を置いて動かしていく。頭で展開を想像している時に、たぶん快感が走るんです。だから常に僕に庭関連の本を勧めてくる。「読んで」「面白いから」「傑作だよ！」と。読むと大して傑作じゃないことが多い。

池澤　精神分析で言うと、河合隼雄さんの箱庭療法みたいですね。

鈴木　それはどういう？

池澤　約一メートル四方の箱に砂が入れてあって、それを自由に展開する。脇にはおもちゃとか積み木とかが置いてある。患者、クライエントに向けて「それを並べて、庭を作ってみてください」と伝える。それでクライエントがどういうものを作るかで精神分析ができるらしい。ただしカウンセラーはクライエントが作る箱庭について解釈することはない。箱庭において展開されるクライエントのイメージがその人自身にどんな影響を及ぼすかでその過程を見守っていく。クライエントの無意識のうちに様々な変化を始めるというのです。

鈴木　宮さんはそれを無意識にやっているのかもしれない。僕は本当に宮さんのそばにいていつも思っていたんです。例えば、今日は堀田善衞さんの本のある部屋で池澤さんと対話をしていますが、僕も宮さんも堀田さんの『方丈記私記』が好きで何回も読んでいる。しかし、読み方はまるで違う。堀田さんは東京大空襲を重ねてこの本を書いた。宮さんは『方丈記私記』を読んで当時の京都という街に興味を持った。そして、その京都の街を自分が練り歩くことで物語の舞台を設定していく。今ではなく平安末期にトリップする。

池澤　安元の大火や飢饉があった時代。

鈴木　宮さんが考える京都は、堀田さんが言いたかったこととは全く関係なくなっている。中世の混乱の世に生きた鴨長明を自己の戦争体験と重ね、現代に引き寄せた堀田さんの手法とは真逆に、宮さんは中世に自分自身を置いて、京都で生きてみる。宮さんは設定の人。まず設定を立てて、そこから想像を張り巡らしていく。自分で作った京都の中を、主人公として練り歩きたいという衝動を抑えることはできない。

池澤　宮崎さんにとっては京都も、また箱庭であるわけですね。

鈴木　そうですよね。

　堀田善衞の『方丈記私記』のアニメーション化、それも商業映画としてつくること、いや、つくれるか。この途方もなく常識はずれで、成算も何もないと判っている思いつきを、空想の中で転がしている。いくら日本のアニメーション業界というものが、見境も身の程もわきまえずに、何でもかんでもフィルムにしてしまう所でも、『方丈記私記』の映画化は非常識をはるかに跳びこえている。だからこそ、空想で転がす分には良い気分になれるのだが、時折は真剣に組立てを考えたりするのだ。

　とたん、自分の教養のなさ、宗教を避けて来たための浅さ、映像の元になる材料のストックの不足につき当り、なにより今までの文法では不可能だと思いしらされる。しかし、諦めたわけではなくて、釣糸はたらしつづけている。中世の絵巻の復刻本を眺めている内に、何かが釣針にかかったような気がして、ひと晩興奮したりする。

　途は遠い。でも、この楽しみを手離す気にはなれない。

（宮崎駿『堀田善衞全集（内容見本）』より）

――河合隼雄さんと宮﨑さんが会われた時もそんな様子でしたか？

鈴木　楽しそうでしたよ。『風の谷のナウシカ』と『天空の城ラピュタ』について、河合さんは実に楽しそうに宮さんと話をしていた。関西の人はノリが違うなって思ったんです。

島に身を置く

――宮﨑さんの箱庭の自由な作り方は、池澤さんの物語の作り方に近い。例えば島を舞台にする。南太平洋の架空の島、ナビダード民主共和国を舞台にした大統領の話である『マシアス・ギリの失脚』の作り方。まずきちっと地図を描いて、登場人物をそこに当てはめて、次にどう動かすかというやり方は、宮﨑さんと似ています。

池澤　僕はトポスの人間だから、まず舞台が重要なんです。誰もいない舞台がまずあって、セットが置かれていて、そこに人が出てきて芝居が始まる。島はとても使いやすい舞台となる。なにせ限られた空間だから。

鈴木　南の島。
池澤　そう。島は人の出入りがはっきりしている。
鈴木　はい、わかります。限られた空間に人を置く。僕は三島由紀夫の『潮騒』をアニメーションにしたかったんです。過去形みたいだけれど、今も思っています。手の届く範囲に全部揃っているというのは面白そうなんですよ。『潮騒』は実にアニメーション的なんです。
池澤　映画化はもう何回もされている。
鈴木　実写映画の方で触れていないところをちゃんとアニメーションでやれればと思います。
——池澤さんにとっての島が宮崎さんにとっての半島だと感じました。『君たちはどう生きるか』の舞台は、どこかスコットランド地方の半島に面したような北の地域を彷彿とさせる。辺境の半島の中の物語、そこに塔を建て、塔を崩し、彼岸と此岸を眞人は行き来する。サギ男は神話の世界を案内するいわばトリックスターです。
鈴木　本当のところは僕なんかにはよくわからないですけどね。あの塔はたぶんジブリだと思うんです。
池澤　なるほど。
鈴木　そうじゃないかな、と勝手に思っているんです。あんまり訊かないようにしているんです、うるさいから。

池澤　塔はジブリか。鈴木さん、その解釈はすごいな。

鈴木　いやいや、宮さんと話をしていてそうじゃないかと感じるだけなんです。だってこの作品には、誰にも気づかれないように、宮崎駿の自伝が描かれているんです。

――一人ひとり、登場人物がジブリのメンバーに重なったりする？

鈴木　みんなそうですよ。全員そうです。だから、誰が誰って言うことはやめますが、全部いる。

池澤　キリコさんもいるわけね？

鈴木　はい、キリコも実在の人物です。二〇一六年に亡くなられた保田道世さんです。彼女は宮崎、高畑作品の色彩設計を担当されていた。この映画には追悼の意味も込めているんです。宮さんの思いがこもっている作品なんです。いつも宮さんを見ていて、どうしてこの人はこんなふうになれるんだろうって不思議なんです。宮さんに比べ僕は、自分のことをなんて冷たい人間なんだと思ってしまいます。

池澤　アニメーション映画として観ていて、『君たちはどう生きるか』が面白かった理由の一つは、場面転換なんです。舞台そのものの転換。大道具を崩すようにして別の世界に入っていく。次から次へと扉が出てきて、その扉の先にも様々な困難や出来事が待ち構えている。それでも主人公は次の場所へ行って何かを体験し、また次のところへ行く。移動感が素晴らしい。

鈴木　僕は、『ハウルの動く城』の原作になった『魔法使いハウルと火の悪魔』(ダイアナ・ウィン・ジョーンズ著)を想像したんです。お城の中に扉があって、出ると違う世界がある。宮さんはジョーンズの影響を受けていました。好きなんです。

――映画の登場人物の名前が、そのキャラクターの性格や映画の中で与えられた役割を表しているようにも見える。名前は池澤さんが物語を書く上で重要な部分でもあるので、とても共感できるのではないでしょうか。眞人、サギ男、キリコ、ヒミ、夏子、勝一、インコ大王……この作品における名前の意味を池澤さんなりに繙いていただけますか。

池澤　僕はそんなに意味深いネーミングをしているわけじゃないと思う。名前に意味がある、名前が大事であるというのは『ゲド戦記』でした。本作では「真理を求めるから眞人」と映画の途中で誰かが言っていたけれど、それくらいのことでしかないんじゃないかなって。でもきりこさんが〝キリコ〟として、母が〝ヒミ〟として二重に出てくるところが面白かった。

鈴木　眞人は、僕の知り合いの息子さんがモデルです。その息子さんが小さい頃、よく宮さんの信州の山小屋へ遊びに行っていた。そうしたら、宮さんが彼を気に入ったんでしょうね、その山小屋まで彼に〝一人旅〟をさせないかと持ちかけた。息子さんはその時小学校二年生ぐらいかな。それでね、なんと二人は二週間一緒に暮らしたんです。その時のことを、宮さんはずっと覚えていた。なぜか、彼がそばにいてもずっと気にならなかった。普通は他人が近くにいると、うざったく感じる人なんです。でも、それがない。で、これは僕に言ったのではなくて、ある人に言ったんだけど、「もう一度彼に会いたい」と。

池澤　そのつながりはすごい。

鈴木　変なんですよ。

——それこそ吉野源三郎『君たちはどう生きるか』の、おじさんとコペル君みたいな関係なのかもしれないですね。

鈴木　わからないですけどね。サギ男には参りました。

池澤　あれは大事な役です。

鈴木　絵コンテも最初のシナリオも、僕はいつも宮さんから最初の読者、観客として「読んで」と言われる。読むとサギ男が活躍し始めるシーンだった。サギ男は誰がどう見たって僕なわけですよ。それでね、描いてしまったものはしょうがない、どうやって宮さんに言うかですよね。もう仕方なく「宮さん、サギ男って、いいキャラクターですよね」と言った。「モデルがいるんですか？」と訊ねると、「いないよ！」と宮さんは答えた。そのもの言い、すごかったですよ。「いない、いない。いないよ！　鈴木さんじゃないよ！」と。これがね、宮崎駿なんです。

——ではサギ男をクローズアップしたメインビジュアルのポスターは、宮崎さんはめちゃくちゃ喜んだでしょうね。

鈴木　めちゃくちゃ喜びましたよ。

池澤　何も宣伝がなくて、あのポスターだけがある。素晴らしいプロモーション。

鈴木　あのポスターですが、宮さんが言うには「『風の谷のナウシカ』以来、ずっと一緒にやってきて、鈴木さんの作るポスターをそのつど見てきたけれど、今回がナンバーワンだ」と、そう褒めてくれました。ただ、トリミングは考えました。これ本当は全体像があるんです。しかも、一枚の大きな絵のイメージボードの隅っこにサギ男がいたんですが、それを拡大したんですよ。そしたら本人もびっくりしたらしくて、喜んでくれました。

池澤　なぜトリミングしたんですか？　鈴木さんの中に明解なイメージがあった？

鈴木　ただ寄ろうと思ったんです。寄ってなんだかわからないようにしようと。ポスターはお客さんにアピールするものだから、やっぱりインパクトがあった方がいい。宮さんはこれを見て「怖い」と言っていましたよ、「この目が怖い」って。自分で描いたくせにね。

池澤　物語が進むにつれ、僕らにもサギ男は鈴木さんかもしれないとわかってくる。サギ男の言葉にはいちいち頷いてしまうんです。

鈴木　普段宮さんと僕は二人で馬鹿みたいに延々しゃべっている。しかも昔話がないのが特徴なんです。かと言って、遠い将来のビジョンについて語ることもない。つまり、ちょっと未来とちょっと過去というのか、今というのか、そういう話だけで四十五年やってきたわけですよ。

そうしたらね、本当にそれが映画の中で全部再現されているわけなんですよね。感心するんです。彼と僕の会話ってあんな感じなんです。最初に絵コンテを見た時、「こんなことまで観察して映画にするのか」と思ったくらいです。正直びっくりしました。

池澤　描いている途中で、いろいろな会話が思い出されてくるんでしょうね。

鈴木　でしょうねえ、わからないけれど。だから二人で横に並んで「本当」「嘘」とか、まさにあんな感じなんです。大体、彼が何かしゃべってきても僕は違う話をするんです。そうすると彼もまた違う話をする。結論なんてない。でもその過程が大事なのか、宮﨑駿という人は全部、記憶に留めていますね。

――サギ男と眞人の会話は展開が突拍子もないけれど、嘘がない。だからものすごく観る者の心に入ってくる。やりとりのテンポも見事です。池澤さんが、宮﨑さんはこの映画を作るにあたり、まず絵をイメージして、それをつなげて、物語は後から来ると言われた。その具体的な言葉、台詞というのは、実際に絵をつなげることで物語として歩き始めていった。

鈴木　で、宮さんは、僕のことをこうやって見ているんだなと、よくわかります。

池澤　「それは危ない。もうやめて帰ろう」「いや前に行くんだ」というサギ男と眞人の二人のやりとりから、力関係は、よくわかりました。

鈴木　そうですか。ずるいですよね。

池澤　またとないジブリ論でもあったわけですね、この映画は。

鈴木　あんなことをやってきましたね。もうしょうがないです。でもこんなことになるとは思わなかった。

二人の会話

――完成した映画をご覧になって、鈴木さんは宮崎さんにどんな話をしたのでしょう。

鈴木　小っ恥ずかしいし、みっともないから何も話さないです。ただ一言。「完成できてよかったです。ちゃんとこれだけ作ってあれば、好き嫌いを超えて、ある程度は観てもらえます」と。今思うとひどいことを言ったものです。でも僕にとってはそれが一番の言い方だと思った。僕にとっては宮さんへの最大の褒め言葉です。今、世界で一番みんなが注目している映画祭が、カナダのトロント国際映画祭。そこの上映作品の責任者が「新作を見せてほしい」と。で、日本へ来てほしいと提案すると、すぐにやって来て、映画を観た。そして、オープニングに使いたいと。トロント国際映画祭はアニメーションだけじゃない、実写も含めた映画祭なので、そういう映画祭でジブリ作品をオープニングに選んでくれるというのは名誉なことです。信頼できる人の評価は大きい。

池澤　さて、公開後は大騒ぎになるでしょう。

鈴木　いや、全然わからないですけどね。宣伝していないので。みなさんどう思っていただけるのでしょうか。僕としては、一切この映画に関しては宣伝をしなかった。それはなぜか。多くの人にこの映画を観ていただきたいからです。それだけです。映画の宣伝のやり方は決まってしまっている、それが嫌だった。

池澤　でもこうやって公開前に観てしまった以上、僕たちは生きて帰れないかもしれない。公開の日までここにいるとか。

鈴木　じゃあどこか鍵をかけましょうか（笑）。

池澤　それこそ、塔の中に幽閉される。

――新作を観てもう一回ジブリの作品を観返したいという衝動に駆られます。過去作の様々な要素が詰め込まれている。宮﨑作品のオマージュが見え隠れして、それがジブリ論として展開されている。

鈴木　この作品は一回観て「ああ、面白かった」と言って終わりではないと僕は思っています。

繰り返し観てほしい映画だと思います。

池澤　観るたびに違う感慨が浮かぶ。まだまだ消化しきれない気がします。

鈴木　絵コンテ段階のことですが、あちらの世界に行ってからの展開が二十分程度出来ていたんです。それを観て、普通だったら四十分くらいの長さにするものが凝縮されて詰め込まれてしまっていると思ったんです。驚きました。要するに、お客さんは置いてきぼりをくらうのではと思い、宮さんと話したんです。すると、「じゃあどうするの?」と宮さんが言うから、僕は「前とテンポが違うので倍にしてください」と伝えたんです。普通の映画は大体長さが決まっている。でも宮さんは時間の感覚が普通じゃない。『千と千尋の神隠し』でも、千尋が湯屋で働くことになるまで四十分以上かかっている。果たしてどうするのかと思ったんです。何時間の大作になるのかと。そしたら突然早くなる。つまり、映画の中で流れる時間が変わるんです。『ハウルの動く城』もそうでした。最初の方はテンポが遅く、もう公開日が決まっているこ ともあるし、このままやっていたらうまくいかない。宮さんに思いきって伝えました。「どういうことだ」と宮さんが言う。普通、一つのカットに対して宮さんは平均五分なんですよ。その五分を積み重ねていくのがアニメーション映画の方法です。『ハウルの動く城』の時は、それが八分から九分に長くなっていたんです。これはやばいと思って、本人に言う。「宮さんこれ、ワンカットでどれほどの長さかわかっていますか?」と訊く。「何?」と宮さんは答えるから、「いや、長いです」「どれくらい?」とさらに宮さんが僕に訊く。「八分から九分、ともすると十分」と、僕が答えたら、「え?」って目の色を変えて。何か言い訳を言うんです。主人公は魔法をかけられて、ソフィーはおばあちゃんになるわけでしょう。そしたら、まあひどい言い方ですけど、「年寄りだから時間かかるんだよ」と嘯く。それでどうするのかなと見ていたら、次のカットからめちゃくちゃです。八分、九分かけていたカットをいきなり四分以下に押し込めていく。一本の映画の中で、時間をそういうことによってつまむことも平気なんですよね。

——主人公が宮崎さんの中に生きているから、何かに突き動かされるのでしょうか?

鈴木 謎ですねえ。あれだけ映画を作ってきて、「映画の作り方を忘れた」って言うんです。それもしょっちゅう言うんです。だから、本当に宮さんは幸せな人なんです。僕は心底そう思います。

池澤 過去の作品なんてないんだ。

鈴木 ないですよ。それで、今朝も会ってしゃべったんです。こんなこと、何回も繰り返すんです。「で『君たちはどう生きるか』ってどういう映画だっけ。忘れた」と平気で言う。なんて人だと思います。

——次に向かっているんじゃないですか。

鈴木　「何作ったんだっけ」と、繰り返しスタッフに訊く。「いや、だから……」ってちゃんと真面目に説明する人もいる。面白い人ですよね。

池澤　短いカット単位では覚えているのかもしれないですね。

鈴木　かもしれないですね。

池澤　アニメーションとして、ユニットとしては頭に入っている。全体の流れはそれとは別でしょう。

鈴木　関係ないんでしょうね。なるほど。

——記憶を辿る最良の方法を実践しているのかもしれません。新作で印象的だったシーンはいくつもありますが、空襲の火のシーンがものすごく美しい。それは高畑勲さんの『火垂るの墓』へのオマージュではないですか。

鈴木　アニメーションにおいて何が描くのが難しいのかと言うと、「火」と「水」なんです。それをどう表現するかはアニメーターの大きなテーマなんです。宮さんは火はこうやって描いたらいい、水はこうやって描くんだ、と自分で技法を発見していく。水の表現としては『未来少年コナン』がある。波が寄せては返す、その宮さんの描き方がアニメーション業界全体に大きな影響を与えたんです。自らそれをもう一度やり直そうと思ったのが『崖の上のポニョ』。ポニョの寄せては返す波のシーンは、宮さんが全部一人で描いているんです。そういうことにはこだわります。

池澤　『ハウルの動く城』の、暖炉の中で火の悪魔カルシファーが踊るシーンも見事。

鈴木　ハウルと契約をしたカルシファーを、宮さんは最初若いアニメーターに描かせてみたけどうまくいかない。結局、カルシファーは宮さん一人で全部描いたんです。細部へのこだわりはすごいですね。だからこそ映画の中で生きたものになるんです。

池澤　冒頭の空襲の場面から、あちらの世界の産屋での火のついた紙が飛んでくるシーンなど、宮崎さんの「うまいだろう?」と言う声が聞こえてくる。

鈴木　描いていて楽しいんでしょうね。そして自分の作ったものを人に見せたいんです。それは当たり前ですよね。なんのために作るのかって、人に読んでもらいたい、見てもらいたいから作っているわけで。

ケストナーから受けた影響

――池澤さんが最初に小説『君たちはどう生きるか』を読んだ時のことを教えてください。吉野源三郎からどう影響を受けたのか繙きたい。

池澤 最初に読んだのは小学生だったと思う。新潮社のバージョンでしたが、家に『日本少國民文庫』が一揃いあったんです。中でも覚えているのは山本有三の『心に太陽を持て』と吉野源三郎の『君たちはどう生きるか』でした。その他、伝記とか科学とかいろいろなものを読んだけれど、さほど印象に残らなかった。『君たちはどう生きるか』は、とても変な本です。こういう評論家めいたことを言ってもしょうがないんだけど、エーリッヒ・ケストナーの『点子ちゃんとアントン』がある。裕福な家の子である点子ちゃんと、母親思いの貧しいアントンの友情物語であるこの作品を横目で見ながら、吉野は『君たちはどう生きるか』を書いたんじゃないかと思う。少年が出てきて、大人がそれにコメントをする、ある種の導きをしていく世界です。

鈴木 次々に巻き起こる出来事を二人はどう克服していくか、物語の構造の基本がある。

池澤 『君たちはどう生きるか』出版の一年前、一九三六年に高橋健二の『点子ちゃんとアントン』訳が『日本少國民文庫第十四巻　世界名作選一』(山本有三編)に収録されているんです。多分、参考にしたと思うんだな。

鈴木 あの頃なんですか、高橋健二の翻訳は。

池澤　そうです、最初の訳です。だからおそらく吉野は読んでいると僕は思う。そして一つのヒントになったと思う。それでなくても、いわゆる日本の進歩的文化人、左翼——特高からいじめにあっていた連中にとって、ケストナーはずいぶん身近だったと思う。

鈴木　どうしてなんですか。

池澤　少年が出てくる。ある種の倫理の話がある。『飛ぶ教室』だったかな、雪合戦の場面があるんですよ。それは小説『君たちはどう生きるか』にも出てくる。場面設定にチラチラとケストナーの影が見えるんです。で、生き方も似ていたし。結局ナチスにいじめられて、という。

鈴木　僕も『点子ちゃんとアントン』は大好きでした。東京に来て初めて買ったのが『ケストナー全集』なんです。

——鈴木さん何歳の時なんですか。

鈴木　十八歳です。

——『点子ちゃんとアントン』は知っていた?

鈴木　東京新聞の「大波小波」で紹介されていたんです。それが四月でした。大学に入ったばかりの時。何を読もうかなと思っていたら「大人が読むべきだ」とコラムに書いてあって、それで慌てて買ったんです。だから、すごく覚えています。『ふたりのロッテ』も入っている。『ふたりのロッテ』なんてちゃんとやったら面白いんじゃないかなと思うんです。

池澤　うん、あれはうまく出来ている。湖畔に建つ「こどもの家」での、ウィーンから来た少女とミュンヘンから来た少女の運命的な出会いを描いた作品。
鈴木　よく出来ているんですよ。
池澤　最初に二人が反発するところがいいです。
鈴木　はい。
――宮崎さんはあえて吉野源三郎の小説『君たちはどう生きるか』の扉ページをクローズアップしている。「大きくなった眞人君へ」と母からのメッセージが本の見返しに書かれていた。扉にはミレーの《種をまく人》の絵がある。
池澤　僕が今持っているのは新潮社版。箱入りと単行本でまた違うと思う。ケストナーの挿絵も違うかもしれない。
鈴木　新潮社版の挿絵は脇田和さん。
池澤　『君たちはどう生きるか』の扉のクローズアップは宮崎さんなりのサービスかもしれない。それから、この映画は二時間ちょっとありましたけど、その長さをあまり感じなかった。
鈴木　そうですか。
池澤　場面転換がものすごく鮮やかです。前のシーンと連なっていないことも多いけれど、そのめくるめく世界に圧倒される。まるで万華鏡の中を動いている感じがします。ちょっといたずらもある。眞人が月を見るシーンが僕には印象的です。あそこはベートーヴェンが使われている。

鈴木 ミニマル・ミュージックを映画音楽で全編とおしてやった人はたぶんいなかったんじゃないかな。今回久石譲さんはそれにチャレンジして、成功したと思います。いつもは久石さんはメロディアスな曲奏になるけれど、今回はミニマルだけで挑戦した。

池澤 そして最後に主題歌のバラッドが効果的に使われた。

鈴木 はい。

池澤 米津玄師さんの主題歌「地球儀」は心に沁みますね。

鈴木 沁みましたか。

池澤 まるで物語をトレースするような、今までの二時間をもう一度最後に味わうことができる。

鈴木 絵コンテを渡してから五年かかっていますから。台詞からもずいぶんいろいろ取っているし、歌詞をちゃんと聴いていた人は心に来るでしょうね。

池澤 来ました。米津さんの歌、いいですね。一つひとつの言葉が美しさと、淡さと強さを持っている。映画そのものでした。

——米津さんの「地球儀」の歌詞は宮﨑さんそのものでした。音楽を聴きながら今一度物語を生きてみる。例えば火のシーン、大伯父のいる塔の中の淡い光も実に見事でした。トリミングの方法だったり、主人公の置き方だったり。本当に一幅の絵というか、名画を見るようでした。宮崎さんの持っているいろいろな軌跡みたいなもの、宮崎さんの八十二年間が詰まっている感じがします。

鈴木　そう言っていただけると嬉しいですけどね。喜ぶと思います。

池澤　話の流れとして次はこうなるだろうなと思うところで、宮崎さんはひっくり返す。例えば、夏子のところへ行って連れ戻そうとしたらいきなり夏子が怒り始める。あれでストーリーが鋭角的に曲がってしまい、それの繰り返し。だから「ええ、どうなっているんだ?」というのが次々に来る。

鈴木　わからないですよね。

池澤　でもあのスピード感はいいです。流石です。

鈴木　快感があるんですね。まあ、あり得ないですよ。

池澤　スピード感という意味では、一つの舞台を観るようでした。その場面転換、装置の動きの速さにも圧倒される。その舞台で登場人物の様々な要素がめくるめく展開されていく。

鈴木　過去に自分が宮さんのそばにいて感心したのは、『魔女の宅急便』だった。頭のたった数分で設定を全部説明してしまう力量。何なんだこの人は、と思ったんです。普通三十分くらいかかるやつを、ものの五分でやってみせる。その絵の力に圧倒された。

池澤　そういう意味では、今回の冒頭五分の火のシーンに本当に惹きつけられます。そこからいつのまにか場面に入っていく。客観的ではなくてもう自分がその中に生きていくというような感じの展開は見事です。そこから場面が変わり、田舎に疎開する。田舎の道はまるで『となりのトトロ』の世界です。

鈴木　そうですか。母を喪失しているというコンプレックスが宮さんにはありますから。

池澤　で、行く先でいろいろなものたちに眞人は出会う。悲しみを救っているのがあの台所に住むおばあさんたち。彼女たちはまた『崖の上のポニョ』のおばあさんたちでしょう。

鈴木　七人の小人ならぬ、七人のおばあちゃんですから。

池澤　ただ、その女たちの力が物語の後半の主軸となるというところでは、『もののけ姫』のタタラ場で働く女たちが重なる。『紅の豚』の飛行機を修理するところも女が活躍する。

鈴木　そうですね。僕はよくわからないですけど、タタラ場には歴史的に女性はいなかったと聞きます。

池澤　たぶんいなかっただろうし、むしろ入れるとうまくできないから、女人禁制だったんじゃないかと思います。

鈴木　ああいう時に、パッと全部女性にするというのは宮さんは本当に面白い人だなあと思うんです。宮さんにとって歴史的事実というのはどうでもいいんです。

池澤　女性贔屓でしょう。

鈴木　大好きです。アニメーションという現場が、女性の力を借りないと映画が作れなかった。東映動画というところに入ってやってみたら、全スタッフのうちの五分の三が女性。そうすると女性が主役、そういう考えを持たなかったら働けないです。ジブリだって女性スタッフがかなり多かったし、女性を馬鹿にすると作れないんです。

池澤　今回、眞人とサギ男と大伯父、そして勝一が男で、あとの重要な登場人物はみんな女性です。

鈴木　そうですねえ。

池澤　お父さんの勝一なんかちょっとしか出てこない。しかし何であそこで戦闘機の風防が家に運び込まれ、またすぐに運び出しているのか。あの絵は謎でした。でもおかしな場面を作り出していた。

鈴木　そうですね。でもあの絵は一応実話らしいんです。宮さんの伯父さんは宮崎航空機製作所を経営していて、通称零戦、零式艦上戦闘機の部品などを作っていた。それで風防などが家に持ち込まれた日が印象に残っているらしいんです。

池澤　そっか、それが引用されたんだ。

鈴木　だから出来上がった飛行機を、〝おいこ〟に車をつけて牛で引っ張る光景もどこかに残像が残っていると宮さんは言うんです。

池澤　一つひとつの場面が、物語の入れ子構造になっている。宮崎駿の歴史を辿る映画でもある。

鈴木　宮崎駿という人は映像的記憶力がすごい。「概念のない人だ」と言ったことがあるけれど、絵の方はすごいですよね。全部そのままで、目がカメラとなって全部映像として記憶している。その記憶が鮮明なんです。ビジュアルとして覚えているから。昔、アイルランドのアラン島に遊びに行こうということになった。白夜の時期で、夜にバーに行ってもまだ明るかった。泊まった宿の前があまりにも美しい景色だったので、僕が写真を撮ろうとしたら、宮さんに怒られた。「邪魔しないでよ！」と言われた。「今、一所懸命記憶しているんです」と言う。それから半年後、魔女のキキの映画として『魔女の宅急便』の絵作りが始まった。ある日、絵を一枚描いて僕のところに持ってきてくれたんです。何かなと思ったら、「鈴木さん覚えている？　みんなで泊まったあの民宿ですよ」。そして、「あの時写真撮ったよね、見せて」と言うから、見せたんです。すると「ここがこうなっていたのか！」と自分の記憶を辿りながら「わからなかった」と言って、抜け落ちていたところを補足する。誤解を恐れずに言うと、宮崎駿という人は、空想で描かない。全部見たものです。それのコラージュというのか、組み合わせが実に鮮やか。

池澤　うん。本当にそうです。

鈴木　全部見たものです。人もそうだけど、物も、光景も。『もののけ姫』のタタラ場の一画にエボシ御前の館がある。「鈴木さん、ちょっと遊びに行こうよ」と言うからどこかなと思ったら、小樽の鰊御殿に行った。ある日それが彼女の館になって現れる。「わかった？」と言うから、「あそこでしょう、小樽のアレでしょう」って言ったら、「ったく！　ダメなんだから」と宮さんに言われて。「何が？」と訊いたら、「高さが三倍になっているんです」と言う。そのこだわりは僕にはわからなかった。そうかと思うと、イタリアのローマからテヴェレ川を上っていったことがあるんです。そこで見た景色が、湖上に浮かぶ『もののけ姫』のエボシ御前の館にそのままなる。小樽は出てくるわ、イタリアは出てくるわ、実にいろいろなところが出てくるんです。そういう描き方が宮さんの中ではちゃんと統一されている。

池澤　僕も、読んだ小説のある場面をエピソードとして覚えていて、自分で書きながらその場面を意図的に使ったりすることがある。

鈴木　宮さんの場合は記憶として絵画的に覚えている。池澤さんは文章として記憶している。

――今回、高畑勲さんへのオマージュを宮崎さんは大伯父の存在に捧げたということですが、眞人が転校した学校の様子は宮崎さんの敬愛する宮澤賢治の『銀河鉄道の夜』の小岩井農場の本部倉庫が重なりました。牧歌的な木造の雰囲気、そして三階建てという点も共通します。カオナシと千が行く、あれこそ『千と千尋の神隠し』の海原電鉄の列車に乗るシーンでしょうか。

鈴木　それで言うと『銀河鉄道の夜』です。ただなんて言うんだろう、だからと言って宮さんというのは宮澤賢治をちゃんと読んだことのある人ではないんです。宮さんの奥さんは賢治が好きで全集を持っていますが、宮さんはほとんど読んでいないと言っていました。ちょっと聞いた話から自分の想像力を働かせるんです。それを絵にするのは得意ですよね。

「千が電車に乗るシーンがあるでしょ。なぜ、電車に乗せたかったかというと、電車の中で寝ちゃうシーンを入れたかったんです。ハッと目が覚めると、いつのまにか夜になって、周囲が暗くなって、影しか見えないような暗い街の広場が窓の下をよぎっていく。電車が駅を離れたところなんです。いったい何番目の駅なのか、自分がどこにいるのかわからなくなっていて。あわてて立ち上がって外を見ると、街が闇の中に消えていく。不安になって、電車の車掌室へ駆けていって、ドアをたたくけれど、返事がない。勇気を振り絞って、扉を開けてみると、真っ暗な空に街の光が闇の中の星雲のように浮いていて、しかも寝かせたガラスに描いたように平らなやつが、ゆっくりと回りながら遠ざかっていく。それは『銀河鉄道の夜』の僕のイメージなんですよ。それを、入れたくて、入れたくて、入れたくて、たまらないんですけど、ストーリーボードを描いていくと、どうしても入らない。なんとかして入れたくて、なんせ映像を挟み込むだけなんだから、ガバッと勇気を出して、入れてしまえばいいんだけど、入らない。ど――――うやっても入らない。結局、いちばんやりたかったシーンを外したんです。その映像を入れたいためにつくりあげたシーンだったのに、結局、やりたいことが入らない。これは違うジグソーパズルのピースだったんだな、と気がつくんです。そういう、ひとつの気づきのために延々と時間を費やしています」

(『ジブリの森とポニョの海』ロバート・ホワイティング氏による宮﨑駿インタビューより)

塔をめぐる

池澤　オープニングの話をすると、空襲の後、母を亡くし、転校生として田舎に疎開する。その先、学園ものになるかなと思ったのです。しかし転校初日、眞人は掃除をさぼり、下校時に同級生に呼び止められて乱闘をして、それ以来学校に行かなくなる。しかも喧嘩の後、自分で自分の側頭部を石でなぐり傷をつける。一種の自傷行為です。何でそんなことをするのか、と思っていたんです。結局、それが後半に伏線として回収されていく。いわば聖痕として主人公を決定付ける。

鈴木　そうです。主人公にはそういうところがある。

池澤　文化人類学的な裏付けなんてことを言い出すと、少年の試練も含めていくらでもあるんでしょうけども、おそらくそれらが完全に昇華されている。

鈴木　宮さんは宮本常一の『忘れられた日本人』を何回も読んでいました。彼の著作の中でも一番好きなのは『土佐源氏』です。あと、中尾佐助も好きでした。

池澤　中尾は植物学者でヒマラヤ山麓を調査して照葉樹林文化を提唱していった。

——宮﨑駿の問いかける力というものにすごく感動します。繰り返し繰り返し、最後まで自分たちの生き方を、姿勢を正せと言われているような気がして。それは見事ですね。

池澤　それはまさに、『君たちはどう生きるか』という問い。タイトルだけが一人歩きしたので、吉野原作という罠にハマった。「僕はこう生きた。君たちはどう生きるか」、この映画はそういう問いかけをしている。

——若い人に観てほしい映画ですよね。

池澤　塔はゴシック洋式で、長い回廊を通して日本家屋と不思議な調和を見せている。今回の作品作りのためにロケハンはされたのですか？

鈴木　していません。

池澤　今までの蓄積が絵になっている？

鈴木　一カ所、福岡の飯塚の家を見る機会があった。サギ屋敷のモデルです。そして、眞人が疎開する洋館。

池澤　洋館で古い窓を閉める時の全体重をかけた動きが見事です。実は縦型の窓には思い出があって、僕が幼い頃に住んでいた帯広の公共の木造二階建ての窓があれでした。

宮﨑に会ったが百年目

——でも、この続きの物語が観たいと思います。

鈴木　続きというのは？

――「行こうか」と勝一は眞人に声をかけて疎開先から出ていくのですから。この後にまた何かある。

池澤　次の作品ということ？

鈴木　どうなるかわからないけど、またやるんじゃないですか。僕ももう、止めないですよ。しょうがないです。宮崎駿に出会ったが百年目、なんです。

――ああ、出会ってしまったわけですね。素晴らしい。

鈴木　この人と一緒にやっていけば食うには困らないなと、僕は思っただけなんですよ。だって絵が上手だし。それも半端な上手さではない。観察があって描く絵だから。それは最初に見た時にびっくりしましたよね。そこだけは真面目だった。宮さん、高校から大学にかけて四年間、絵の学校に通っているんです。

――今回、作画として鈴木さんは本田雄さんを引き入れた。制作過程で宮崎さんと本田さんの間の具体的なセッションはどういうふうに行われたのですか。

鈴木　いや、もう宮さん大反対です。最初からわかっていました。

――さらに若い人を、ということですか？

鈴木　いや、違います。本田くんを作画監督にするということは、彼が作画の中心人物になる。若い力を借りて宮崎アニメーション映画を作ればいいじゃないかというのが僕の思いでした。

でも、宮さんは最初、作画監督としての起用には反対だった。あくまで、優秀な原画の一人だと宮さんは主張した。そういう時、僕はその意見には抵抗しないで黙って聞いていた。しばらくして「作画監督でどうかな」と宮さんの方から言ってきたのは、その一年後のことです。

——それは何がきっかけだったんですか。

鈴木　悔しかったんでしょうね（笑）。宮さんのプライドを考えると、そういうものだと思います。で、一年後に変わる。要するに一年が経ったことで、僕が言ったということは宮さんの中でなかったことになっているんです。それで「鈴木さんさあ、本田くん、作画監督でどうかな」と自分から言い出した。僕はそれを一年前に言っているから、腹の中では納得いかなくても、「いいんじゃないですか」と受け入れる。それでいいんです（笑）。

——実際にそれはどこで、どのようにして宮崎さんから言われたのですか？

鈴木　宮さんのアトリエで。僕はもともとそう思っていたからなんの問題もない。絵コンテを描き始めてすぐの頃に、僕が本田くんの起用を提案しました。宮さんが反対することもわかっていた。少し経てばなんとかなるだろうと僕は思っていた。案の定その一年後に、向こうから「今回は本田くんを」と言ってきた。そうなったら思い通りの展開です。

池澤　あちらの世界の昼と夜のシーンが印象的です。上弦の月の美しさ。人間となって生まれてくる精霊たちのシーンが重なる。ワラワラはメタファー、精子ですね。空に上っていくシーンが綺麗です。宮崎さんの独特なユーモアが散りばめられている。絵の密度がすごかった。生まれ出るために地上に出る。しかしペリカンがやってきてワラワラを食べてしまう。

鈴木　空にワラワラが飛ぶ、そこをペリカンが襲う。おかしなことを宮さんは考える。だからその表現に圧倒的に時間がかかるのです。普通は月産四分の計算なんですが、今回月産二分のペースでした。だから年間で二十四分。

池澤　シーンが瑞々しい。

鈴木　残酷なようですが、アニメーションは若くなければできないところがある。本田くんは僕の想像以上に頑張ってくれました。庵野秀明には申し訳なかったです。何しろ『シン・エヴァンゲリオン』を彼でやろうとしていた時期で、それを途中で引っこ抜いてきちゃったわけだから。そのことを本田くん自身も悩んでいた。絵描きは役者なんです。監督にとっては誰を起用するか、一番大事なところなんです。本田くんの起用によって、宮さんは自分が普段描かないような絵、つまり自分が絵の責任を取るのであれば設定しないような絵をどんどん設定していきました。気分としては「やれるか？」という感じで、一種の勝負です。それが見事に生かされた映画になったと思っています。本田くんの絵が良すぎて、逆に宮さんの気持ちがざわついてしまい、彼にはやめてもらおうと言い出したこともあった。

池澤　また逆転、そのやりとりがすごい。

鈴木　宮﨑駿はすごい人なんです。だから「そうですか、じゃあ僕が一回話します」と答えた。「あ、悪いねえ」と宮さん。そんな会話があった。僕は本田くんと鰻を食べに行く。何も宮さんのことは話さない。あとは知らん顔。そのうち、宮さんは忘れます。

——本当にサギ男の面目躍如。

鈴木　あとは深刻な顔をして「本田くんといろいろ話しました」と報告する。「ありがとう。ご苦労様でした」と宮さんは言う。

池澤　本田さんは何も知らない。

鈴木　でも、なんとなくわかっていますよ。もう現場でチカッピカッとやっているんです。上手な奴がそばにいたら嫌なんです。でも、その手柄は全部自分のものになるんだから、それは受け入れた方がいいんです。

池澤　それは共同作業ならではの面白さです。

鈴木　まあ、そうですね。

——チームでやる魅力です。今回、声優の方々の起用は、鈴木さんが選んでいかれた?

鈴木　今、どういう役者さんが活躍しているのか、宮さんにはわからない。しょうがないから僕の方でほとんど選びました。ただ、みなさんオーディションをして、それを宮さんに聞いてもらう。それで最終的に選びました。良い悪い、いろんな方のご意見があると思います。ただ僕が最初に決めていたのは、お父さんは木村拓哉、あの人しかいないと思っていました。

池澤　勝一の声の出し方は新鮮でした。安定感もある。勝一は戦争に加担し、戦後になんの責任も取らない、ややもすると悪者です。あちらの世界に行けない、行かない普通の人で、ピエロ的な役割も担う。

鈴木　木村さんは素晴らしかった。他の方も、みなさん本当によくやっていただきました。特に女性は誰がどなたか、観てもよくわからないかもしれない。

池澤　だから成功しているのかなと思った。入れ替りが激しいし、瞬間的に性格も変わっていく。男性陣の安定、中でも大伯父の火野正平さんの声が素晴らしい。

鈴木　大伯父は本当に困ったんです。火野さんは期待に応えてくれました。宮さんが喜んでいました。

池澤　それは自分の中でイメージした声と同じという喜びですか。

鈴木　声もあるけれど、どういう芝居かということなんでしょうね。もしかしたら宮さんに嫌がられるかなと僕が思ったのは、ヒロインの声でした。今までの宮﨑アニメーションのヒロインの声とは違うんです。宮さんがどういう反応するのかなと思ったら、そんなに嫌がらなかった。ちょっと驚いたね。

池澤　やっぱり声でキャラクターの性格が変わる。

鈴木　本当に変わります。敏感な人は、今までのヒロインとまるで違うと言ってくれました。それがいいなと思った。僕は新鮮さが欲しかったんです。宮さんのヒロイン像はいつも女性っぽいんです。だからちょっとサバサバした役柄にしたかった。

池澤　インコ大王も登場する場面は少ないものの印象に残ります。大伯父が汚れていない石を積んでいくシーン、それを壊すのはインコ大王。理想を組み立てて壊す。インコ大王が現実です。

鈴木　宮さんは「インコ大王は自分だ」と言う。そして「なりたかったもう一人の自分が眞人だ」と言っていました。

池澤　インコ大王がいなければ物語は終わらなかった。

鈴木　悪の方に力がこもる。例えば『風の谷のナウシカ』のクロトワです。要するに悪役の方に肩入れするんですよね、全部。主人公とは何の共通点もないから話がややこしいんですけど。

池澤　そこが宮崎さんの面白いところ。理想郷だけで終わらない、必ず壊す人がいる。

鈴木　宮さんは理想を失わない現実主義者です。『ルパン三世　カリオストロの城』は興行的には失敗で、数億円の赤字を出した。本当にお客さんが来なかった。結局、その瞬間にみんな離れていった。宮さんはいまだにその時のことを引きずっています。その傷は大きいです。

――今ではテレビでも繰り返し放映され、ルパンシリーズの傑作とも言われている。大ヒット作のような印象があります。

鈴木　本人も残っているんです。自分の作った作品で映画館にお客さんが来なかったというのは忘れない。巳年なので執念深い。もしかするとね、もしかするとですよ、次にやりたがるのはもう一つの『カリオストロの城』なのかもしれません。

池澤　復讐劇ですね。

――勝一の運転するダットサンの走りはまるでルパンのフィアットに見えました。

鈴木　執念深い。たぶんね、今度作るとしたら、宮さんは制作の途中で死ぬかもしれない。年齢の問題です。本当に幸せな人ですよ。自分でいい映画を作ったとかは関係ない。お客さんが来るか来ないかだけで作品の良し悪しを決めるし。

池澤　ある意味明解です。なかなか持てない感覚です。いい作品を作るという感覚ではない。

――逆に今回は制限がない中で作ることへのプレッシャーがあった。

鈴木　一番困っていたのは本人。制限が欲しいんです。「なぜ締切がないんだ」と言われました。

池澤　七年というのはすごく長い期間です。

鈴木　もっと長くやりたかった。でもさすがに宮さんが嫌がっていた。

池澤　鈴木さんから宮﨑さんに「もうそろそろ」と声をかけた？

鈴木　果てしなく時間をかけたらどうなるんだろうと思いながら、現場で少し急いでいる人のことも考えて、「そろそろ」と声をかけました。

サギ男は友達

池澤　サギ男の登場シーン、青サギの口から顔が出てくる。映画の最初、鳥に歯があるからなんだか変だと思った。

鈴木　青サギからサギ男のキャラクターを作る宮さんはすごい。まさに命を吹き込んでいく。

池澤　眞人を家から連れ出して塔にでんぐり返りして帰る瞬間が好きでした。サギ男は意地悪なようで実は優しい。自分の羽で作った矢で眞人に嘴を射抜かれてしまう。その瞬間飛べなくなるという発想が豊かでいいですね。そして眞人に空いた穴に栓をしてもらった後の、サギ男の言い草がすごく面白かったです。

鈴木　馬鹿ですよね（笑）。

――ふとした仕草がすごく面白い。アニメーションの面白さというのを感じました。そういう何気ないシーンにこそ、宮崎さんは本当に時間を費やされたんだろうなと思う。

池澤　クチバシに空いた穴に栓をする時に、いちいちサギ男が何か言う。「もうちょっとここを……あ、割れちゃった」、そうすると眞人が「うるさいな！」と答える。

鈴木　彼の自宅に小さな庭があってそこに池がある。そこに鷺が来るようになった。物語の発端はそこからです。鷺を観察していて思いついたらしいです。

池澤　青サギの「風切りの七番」の羽の矢が勝手に動き出す。楽しいです。

鈴木　登場人物のキャラクターがバラバラ。高畑さんだったらこんなバラバラなことは絶対にやらない。もう少し整えると思います。例えば登場人物の鼻の形。ある人は西洋人だし、ある人は日本人だし、もう無茶苦茶。

池澤　おばあちゃんが非常に顕著でした。日本のおばあちゃんと西洋のおばあちゃん。僕がずっとジブリが面白いと思うのは、高畑勲と宮崎駿という二つの大きな星があり、どちらも互いに寄りかかることなく存在していた。

鈴木　もう、面白けりゃいいよという感じです。

池澤　サギ男の鼻は、手塚治虫じゃないかと。

鈴木　宮さんは手塚さんをずいぶん読んでいた人です。僕自身、編集者として手塚さんとはずいぶん付き合いましたが、宮さんと重なるところがすごく多いんです。

——流行りの漫画にイケメンが出てきた時に、手塚さんが「今の漫画のヒーローはこうなのか」と描き直したと聞きました。その応用力がすごい。

鈴木 手塚さんで僕が驚いたのは、その原稿料のやりとりでした。「先生、原稿料どうします?」と僕が手塚さんに訊いたら「一万円でいいよ」と答えられた。「安すぎないですか?」と僕が言うと、「君はわかってない。安いとね、注文が来るんだよ」と言う。「安いことによって注文が入ると、いろんなものが書けるんだ」と言われた。流行り物に対しては敏感ですぐ電話をくれた。「なんでアレがいいんだよ。説明しろ」と電話口で言う。僕は「電話でしゃべると面倒くさいから、今行きますよ」と言う。忘れないのは、手塚さんがスタンリー・キューブリックの映画『二〇〇一年宇宙の旅』で、「あんなものの何が面白いんだ」と言う。でも真崎守という漫画家がいかに面白いかというのを説明したら、素直に納得する。

池澤 ちゃんと人の話を受け入れることができる方。

鈴木 手塚さんのところにはいろんな編集者が出入りしていた。僕なんかは淡々とお願いしてなんとなく気に入られたので作品を書いていただけた。手塚さんは本当に面白かったです。僕が朝まで頑張ってやっと原稿をいただいて会社に帰った途端に、電話がかかってくるんです。手塚さんで、「書き直したい」と言う。「先生、すみませんが、先生が今それをやったら穴があくんです」と言っても話を聞いてくれない。挙句の果てに、単発だったものが「次も描かせろ」

になる。悔しいんです。

池澤　宮﨑駿と手塚治虫。二人に共通して、二人の違うものは一つ、手塚治虫には鈴木敏夫がいなかったということかもしれない。

鈴木　他人の意見が、いつのまにか自分の意見になっているのは共通しています。

池澤　『君たちはどう生きるか』、七月十四日の公開が楽しみです。

鈴木　どうなるかわからない。本当にわからない。

池澤　ヒットするかわからないというのは、今までもあった？

鈴木　いつもわからないですよ。

池澤　結果としてヒットしたということ。

鈴木　今までは周到な準備をしてきた。映画館の数も上映期間もしっかり押さえてきた。一年三百六十五日、どの映画館にお客さんが何人来るかということは統計で出ている。つまり、どの映画館で何日やるか、それが決まった瞬間に興行収入は出てしまう。それが変わらないことが嫌だった。今回宣伝をしないというのは、それを壊したいという思いがあるんです。みんなの思惑を超えた大ヒットの可能性もあるし、大コケの可能性もある。そういうことで言うと賭けです。大真面目な話、僕はこれまで手堅くやってきた。賭けはやっていない。映画館を押さえることに腐心してきた。最後くらい、賭けもいいかなと思ったんです。新作は制作期間七年です。かかった予算の回収もしようがない。それならば、という感じです。

池澤　つまり宣伝しないで公開をする。映画の力で果たしてどうなるか、自分で見てみたい。

鈴木　そうです！　それを、見てみたい。

池澤　どれだけ、他の映画からスクリーンを奪えるか。

鈴木　そうです。

――日本で考えるとスクリーン数は決まっているわけですが、一方で海外への展開はどう考えているのですか？　トロント国際映画祭の話がありましたが。この映画は海外に対してもものすごくいいプレゼンテーションじゃないかと思います。普遍的な冒険物語も、成長物語も、英雄物語も入っている。

鈴木　世界は今は考えない。考えたってわからない。僕は今までいろいろやってきて、成功したのはアジアとフランス。なんで成功したか。僕らが作ったものを好きになってくれた人がいたからなんです。その人がいなければ、どうにもならない。忘れもしない、フランスにゴーモンという会社があって、このゴーモンがディズニーと一つの会社だった時期があるんです。そのジャン＝フランソワ・カミエリという男がジブリを好きになってくれたんです。この人がキーになってジブリ作品をヒットさせてくれました。だからそういう人が見つかるかどうかなんです。他の国でそれがうまくいかないのは、そういう人がいないからなんです。これは明確にそうです。興行は水ものだとよく言われますけど、実はそうではないんですよ。ものすごく論理的。映画祭は別の話。興行は関係ない。映画祭は有名無実になっているような気がします。カンヌ、ベルリン、ヴェネツィアも、それぞれの国で映画を作っていない状況になっている。寂しいものです。そうした中で、トロント国際映画祭にはお祭りという派手さはない、商売に徹するんです。

池澤 世界の反応もまた楽しみです。

鈴木 わかったのは、外国の原作をもとにして作った映画は、大体外国で評判悪い。『ハウルの動く城』も全然ダメでした。

池澤 七月十四日、僕は地元の映画館にもう一度観に行きます。

鈴木 そうですか。ありがとうございます。

池澤 鈴木さんの口から語られる宮﨑駿さんは本当にかわいい人ですね。

鈴木 そうですか。

池澤 本当にかわいい。少年のままなんです。この映画が出来上がって、宮﨑さんはしばらくぼーっとしているのかしら。

鈴木 いや、またなんか騒いでいますね。疼くって言うのかね。しょうがないです、それが性分なんです。

エッセイ

宮崎駿と建築など――アニメーションの原理を追って

池澤夏樹

宮崎駿を論じようと思い立ったのだが、これがなかなかむずかしい。

総論的なものならば世にたくさんある。『風の谷のナウシカ』と公害とかエコロジーとか小さな共同体の安寧とか、『もののけ姫』ならこれも自然と人間の関係とか網野善彦の中世文化論とか、『となりのトトロ』の民話性とか。

しかしそれを避けて具体的に作品に沿って考えようとすると細部に溺れてしまうのだ。総論と細部の間に大きな空白がある。アニメーション映画を文芸の手法で論じるからいけないのだろうが、それとは別にここには宮崎駿というとんでもないアニメーション作家の特質も関わっているような気がする。発想のからくりが凡人とはまるで違う人である。


(この先はM氏と呼ぶことにする。有名すぎる名前を離れて少しだけ抽象化する)

M氏の作品において登場人物が飛ぶことは誰もが知っている。

飛ぶことは人間本来の属性にはない。

その一方、飛ぶのは動きである。アニメーションの基本原理にかなう。

実際――

『風の谷のナウシカ』でナウシカはメーヴェで飛び、

『天空の城ラピュタ』では誰も彼もが飛ぶ。城そのものが飛ぶ。

『となりのトトロ』ではトトロが飛び、ネコバスも飛ぶ。メイとサツキは乗客としてだが嬉々として飛ぶ。

『魔女の宅急便』のキキは箒に乗って飛び、

『紅の豚』のポルコ・ロッソは飛行士だから飛行機で飛ぶ。

『千と千尋の神隠し』では、最後にハクの魔法がとかれ、龍から人間になったところで、千尋とハクは空を飛ぶ。

『ハウルの動く城』では、ハウルを主人公とするなら、戦場へ行くハウルは、黒い鳥のようなかたちに変身して空を飛ぶ。

『崖の上のポニョ』では飛ぶ代わりに水中の移動や波に乗る場面があって、これは飛ぶにずいぶん近い。

『風立ちぬ』に登場するのはみんな普通の人間だから夢想の中以外では飛行機しか飛ばない。

『君たちはどう生きるか』では青サギが飛ぶ。眞人はもっぱら登ると落ちるで、自力では飛ばない。


ディズニーのアニメーション映画はまだどこかで実写の映画をなぞっている。非現実のシーンはいかにもそれらしく作られているが、特撮とCGを使えば『アナと雪の女王』は人間の俳優でも作れる。ジブリで言えば高畑勲もこの範囲に留まる（『平成狸合戦ぽんぽこ』でさえ人間の俳優で作れなくはない）。

それに対して宮﨑駿はひたすら動くという原理に沿って画面を作る。徹底して動く画を見せようとする。だから彼の作の中では焔が精妙に舞い、波は引いては寄せ、草原は風になびく。それは実写の焔や波や草など以上にそれらしく見える。動くということの何かが強調されているのだ。

果ては無数のモノが動く画面。『となりのトトロ』のマックロクロスケことススワタリ、『もののけ姫』のコダマ、『千と千尋の神隠し』の石炭を運ぶススワタリ、『崖の上のポニョ』の千匹の妹たち、そして『君たちはどう生きるか』のワラワラ、ペリカンとインコのおしあいへしあい、崩れて落ちる階段の破片。

普通ならばストーリーがあってそれを動く絵として作るというのが順序だろうが、M氏ではしばしば絵の方が先行する。絵コンテやイメージボードがむくむくと湧いて出て、それをなんとか繋ぐ形でストーリーが作られる。後でよく考えるとつじつまが合わないこともあるが、絵の動きのおもしろさの故に見ている時にはそれに気づかない。

昔、二歳の僕の長女は、木が扇ぐから風が吹くんだと言ったが、それと同じ順序の反転がM氏の発想の過程で起きているような気がする。

動くのはもっぱら人物だが、四肢の動きや表情とは別に身体ぜんたいが動くことを表すにはフレームないし背景が要る。その人物の身体のすぐ後ろに背景がある方が動きが映える。すなわち、室内、屋内、洞窟内などなど。青空を背景に平原をひたすら走るよりは壁のある空間の方がずっと効果的だからこの原理をM氏は多用する。

建築や建造物の描写に力が注がれる理由の一つがここにある。彼は何よりも登場人物を動かしたいのだし、その動きを見せたいのだ。

初期の例として『となりのトトロ』を見よう。メイとサツキが引っ越してくる家は綿密に設計されている。廊下はメイが走った歩数の分だけの長さになっている。だからそのままにジブリパークに再現することができた。

後になると建築は大きくなり、高くなり、間取りは複雑になって、その極限の姿が『千と千尋の神隠し』の油屋《あぶら》という温泉旅館である（この作品には油屋の屋内以外のシーンはほとんどない）。あそこまで行くともう実体化はむずかしい。しかしイメージボードを見ると、堀割に架かった太鼓橋の正面に玄関があり、その先に二階分くらい吹き抜けの風呂の間、その上の三階四階は客室、更に上に湯婆婆の居住区ないし御殿ないし「にせの館長室」（ジブリパークでの呼称）がある。一階から下には倉庫などを経て二層ほどの位置に釜爺のボイラー室。千と名を変えられた千尋はこのおよそ七階分の空間を階段と時にはエレベーターを使って上へ下へと走り回る。実際の画面では高さは誇張されていて、千尋が駆け下りる釜爺のボイラー室までの階段は二層以上の段数があるようだ。

これを躯体として、そこにインテリアの作り込みが加わる。建築家ないしインテリア・デザイナーの仕事である。古今東西の無数の建築のディテールが引用され、はめ込まれ、ケバケバしく燦然と輝く。俗悪で胸躍る大衆文化の具象化。キッチュの極み。

この作で海原電鉄の場面の叙情性は特筆に値するが、しかしアクションのほとんどは油屋の屋内である。

映画一般で建物は画面に奥行きを与える。所詮は二次元でしかないスクリーンはなんらかの遠近法によって三次元化されなければならないのだが、そこで屋内という閉じた空間が見る者の視線を導く。油屋の長い廊下とその左右に並ぶ客室・宴会室の左右対称の図はその典型である。

階段が映画において優れた映像装置であることは万民共有の知識だろう。古くは『戦艦ポチョムキン』の乳母車が落ちてゆくあのオデッサの大階段（一九八七年の映画『アンタッチャブル』がまるまる引用した）、『蒲田行進曲』のヤスの階段落ちの場面等々、挙例すればきりがない。映画の外の現実界でもホテルの一階から二階への大きな回り階段はウェディング・ドレスの花嫁の撮影に使われたりする。

M氏の作にも階段の場面は少なくない。

『君たちはどう生きるか』では中空に架かった階段が動画的効果を強める。ピラネージとエッシャーを思い浮かべざるを得ない。しかもこの階段は時には登るはしから壊れる。最後にはばらばらになって落下し、眞人はその破片の山に埋もれてやがて這い出す。

この空中階段が設置されている建造物は何段階もの変容の最初の場面では廃墟となった塔として提示される。ここにもいくつかの建築史的な要素が援用されている。

十八世紀ごろからヨーロッパで古代の遺跡ないし廃墟を描いた風景画が流行した。石造建築は何千年でも残るから、それが半ば崩れた姿にはその時間の分だけの風情が生じる。国境を越えての観光旅行が盛んになり、例えばギリシャを訪れた者はアテネのパルテノンやスーニオン岬のポセイドンの神殿に魅入られた。熱心な者は田舎の林の中に残る小さな遺跡まで足を運ぶ（僕はテーセウスの出身地であるトロイゼンで詳細なガイドブックを頼りに神殿の破片が十個ばかりの遺跡を訪ったことがある）。

遺跡は絵画のテーマとなって裕福な人々の客間を飾るようになった。ところどころに林のある広い平野に崩れかけた石造りの建物があるような図（寝室にはニンフやサチュロスなどをあしらったもっとエロティックな絵が掲げられた）。

文芸の分野では廃墟趣味はゴシック・ロマンスという分野で大いに流行した。ホレス・ウォルポールの『オトラント城奇譚』(一七六四)、ウィリアム・ベックフォードの『ヴァテック』(一七八六年)、アン・ラドクリフの『ユードルフォの謎』(一七九四年)、果てはジェイン・オースティンの『ノーサンガー・アビー』(一八一七)のようなパロディーまで書かれた。そしてゴシック・ロマンスの必須の要件はこれらのタイトルでわかるとおり建築である。

これほど絵画的な素材をM氏が使わないはずがない。『君たちはどう生きるか』の、ずっと人が入っていない(大伯父の)塔はその好例。時を経て苔の生えた石材の質感の表現はM氏が得意とするところだ。いや、彼にあってはすべての素材の表面が指で触れる実感を伴っている。

塔というのはまこと観念的な建造物で、基本的に内部は空っぽ。外観を目的で造られ、高さを誇示するだけのものである。『君たちはどう生きるか』の塔の場合、そのままでは空間のサイズの制限のゆえに話が広がらないから地下のトンネルで異界に通じる仕掛けになる。

トンネルないし地下道もまた優れて映画的な装置だ。実写ならば『第三の男』のエンディング、ウィーンの地下水路。ハリー・ライムが逃げ回る場面。

ジブリならば『となりのトトロ』で中トトロと小トトロを見つけたメイが誘い込まれる木々の下のトンネル。その先に大トトロが寝ているクスノキの洞がある。

(こういうことを書いていて、これは映画を見てよく知っている人にそれぞれのシーンの記憶を喚起しているだけではないかと思う。つまり細部に溺れる。しかしこれ以外にM氏の作を論じる方法があるだろうか？）

あるいは扉。

開けば家の中に入れる。あるいは別の部屋に入れる。だから『となりのトトロ』では二階への階段を隠す扉の発見がメイとサツキにとって転機になる。二人は二階から景色を見てこの家が置かれたトポスを知る。また、雨戸を開けることで家の中に光が入り、マックロクロスケがあたふたと避難するさまがこれからこの家に人が住むことを伝える。

この作で扉は『ハウルの動く城』と並んで頻繁に使われ、そのたびに世界が変わる。もっとも劇的なのは眞人が夏子の産屋に入ってしまうところ。救出が目的だったのに禁忌を犯したと夏子に罵倒され、結界を作っていた無数の紙のヒトガタに襲われる。

『君たちはどう生きるか』においては扉の多くは異界への入口である。闇から光へ、ある建造物からまったく別の建造物への歩み込み。だからか一種の扉である塔の中への半ば埋められた通路を眞人は初めは通ることができない。この時点では彼にはまだその資格がない。

城。

M氏はタイトルに「城」の字が入る作を三つ作っている——

①『ルパン三世 カリオストロの城』

②『天空の城ラピュタ』
③『ハウルの動く城』
そして、①にすでに西洋の城を舞台とした主人公の動きがすべて揃っている。ルパン三世は城の外壁を（オーバーハングを越えて）よじ登り、屋根を走り、地下から侵入して廊下を進み、いくつもの難関を経てクラリスが幽閉されている塔の上の部屋に至る（難関という言葉自体が関という建造物を含んでいる）。クラリスはカリオストロ伯爵に結婚を迫られている塔上の処女である。そこにルパン三世が割り込むという設定はあるところまでエロティックだが、これはおそらくシリーズを踏襲する妥協であった。この先のM氏の作にはエロティシズムという要素はほとんどない。

M氏にあって物語の大きなフレームはさほど特異ではない。だから彼の作について総論は書きやすいのだ。彼は既製品を半ば無意識に用いる。その先の具体的展開ではいくらでも我が儘ができるから。

『君たちはどう生きるか』の眞人の行動は文化人類学で言う通過儀礼の典型である。キキの魔女修行と同じ大人への関門。

神話学者ジョーゼフ・キャンベルが『千の顔をもつ英雄』で明らかにした英雄の行動原理そ

のままだ。ジョージ・ルーカスが『スター・ウォーズ』に応用して広く知られるようになった
この論によれば、英雄譚の基本形は——
1　Calling　使命が与えられる
2　Commitment　それを受け入れて動く
3　Threshold　異界への境界線を越える
4　Guardians　導く者が現れる
5　Demon　邪魔をする魔の者が現れる
6　Transformation　主人公が変容する
7　Complete the task　任務を完了
8　Return home　家に帰る
眞人はほぼこのシナリオのとおりに動く。

もう一つの大きな枠組みとして壊れかけた世界で若いヒロイン／ヒーローが秩序を回復する
というのがある。ナウシカ、アシタカとサン、眞人、みなそのために走り回る。

ペルソナの造形を思い出してみよう。ここでこそM氏の想像力は存分に発揮される。

『となりのトトロ』のトトロとネコバス。あの形のおかげでトトロのぬいぐるみは何百万個も

売れ、それがまた映画の人気を引っ張った。ネコバスなど内部まで毛皮でできている。坐って気持ちよさそう。

『ハウルの動く城』の城。あの細い脚では自立できるとは思えないのだが、そこがアニメ。鉄単結晶ならば造れなくはないと藤森照信は言う。カーボン・ナノチューブによる軌道エレベーターと同じ発想。

『千と千尋の神隠し』の釜爺の六本の伸縮自在の腕。言ってみれば彼は一面六臂である。立った姿は一度しか見えない。

『もののけ姫』のタタリ神とその動く太い体毛、シシ神とその夜間形のディダラボッチ。

『君たちはどう生きるか』ならば青サギの二重構造。嘴の中に歯が見えるところで観客は怪しむが、からくりがわかるのはもう少し先だ。

こういうことも数え上げれば切りがない。

映像が先行して話が作られるという例の典型が『君たちはどう生きるか』で眞人が踏み込む異界である。

キリコによればここには死者の方が多いという。その意味では冥界なのだが、その死者たちはここで飢えに耐えて暮らしているだけで転生の話はない（彼らには殺生はできない、とキリコは言う）。ペリカンにとってもインコにとっても飢えは深刻だ。

ワラワラにとってはここは前世だが、彼らがここの記憶を持って人の世に生まれるわけではなさそうだ。空に昇ってゆく場面はサンゴの放卵を思わせる。その一方、よく働くキリコや神出鬼没のヒミにとっては普通の生活空間であるらしい。

ヒミ＝久子からすればここはタイム・トラベルの地である。眞人と会って精一杯の支援をするがしかし彼女はこの時はまだこの子を産んでいない。並行時間の世界なのだ。

夏子の視点から見ればここは正に異界である。誘い込まれ、産屋に横たわって出産を待つのだが、そこで生まれる子はどちらの世界に属するのだろう。眞人の乱入は、その後のどたばたを導く一種の転轍機だった。

その上に現実の、つまり第二次世界大戦末期の日本を含む世界の秩序保持者として大伯父がいる。しかし彼の力は衰え、積木の塔は危うい。

論理的に、あるいは文芸的に、説明しようとすればつじつまの合わないことばかり。そもそも夏子を異界に誘い込んだのは誰なのか？　青サギは誰の指令で眞人を異界に誘ったのか？

こういう矛盾と混乱をすべて動く絵が包んでいる。

最後に主人公の性格のことを考えてみよう。

ナウシカとメイとアシタカとポニョと眞人の意志が画面を駆動する。

彼らには立ち止まっての躊躇・逡巡がない。

事態を把握したら後は正に不退転、前へ前へと進み続ける。

古代的性格ないし神話的性格と言っていいかもしれない。近代人の迷いが見られるのは『風立ちぬ』だけではないか。

不屈の意志が最も顕著なのが眞人で、彼は何度となく周囲の誰かに制止されるがそれをすべて退けて前へ進む。夏子の産屋に入るところは結果として明らかに行き過ぎ。


やはり細部に溺れてしまった。

なぜならそれが楽しいから。

こういうものの総体がM氏の作を見る体験であって、動く絵は記憶の中で何度でも反復される。戦いは少なくないが腕力・暴力によるものの他に知力や意志力、それに魔法の介入、予めの仕掛けの発動などもある。

このくらいにしよう。この論には終わりがないのだから。

第四章　自分を生きよ

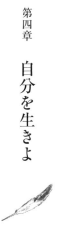

二〇二三年九月二十一日十五時、小金井のスタジオジブリ第一スタジオで緊急の記者会見が行われた。大勢の報道陣を前に鈴木敏夫が語ったのは、スタジオジブリが日本テレビの子会社となることだった。会見から遡ること一週間前、僕たちはそんな彼の心労を知るよしもなく、宮崎駿『君たちはどう生きるか』にまつわる池澤夏樹によるインタビュー取材を行っていた。鈴木敏夫の仕事部屋に入ると、彼はちょうど宮崎駿との長電話を終えたばかりだった。それは今思うといつもの創作の会話の延長ではなく、これからのジブリの行く末についての話だったのかもしれないと思った。そう思うとその日の池澤夏樹のインタビューへの鈴木の答えは映画公開後の話だけではなく、スタジオジブリの行く末への思いもあったかもしれない。

開口一番、鈴木は池澤に言葉をかけた。池澤が発起人として名を連ねた作家の大江健三郎のお別れの会が前日にあったことに触れたものだった。

「大江さんのお別れの会はどちらであったのですか？」

池澤が答えた。「帝国ホテルです」

「高畑さんが、東大の同級生で同じクラスだったということです」

「お二人とも一九三五年生まれですよね」

鈴木は小さく頷くとこう続けた。「どこかのホテルのエレベーターの中で、高畑さんと大江さんがばったりお会いして、挨拶をしていました。仲が良さそうで、やっぱり同級生って特別なんだなって」

「高畑さんもまた大江さん同様にユマニスムに精通して渡辺一夫さんを読んでいた。大江さんは、渡辺一夫先生が恩師だという言い方をすると、仏文学者になった同級生から非難されたということです」

「でも渡辺さんはある意味で大江さんの人生の師ですね」

池澤が小さく頷くと「もちろんそうだと思う」と呟いた。

「真面目な方ですよね」

「社会に対する姿勢、言動、デモに参加するかしないかまで渡辺一夫さんにいつも見てもらっている気がしていたんじゃないかな。あとは中野好夫さん。加藤周一さんはあまりデモには行かなかった」

「あの人は楽しいことが好きなんです。堀田善衛さんは〝べ平連〟という反戦運動をやってらした。脱走兵をかくまったこともある。六〇年代の終わりです」

話をこのまま続けてもよかったのかもしれなかったが、まずは『君たちはどう生きるか』の公開後のことからインタビューを始めることにして、二人の間に割って入るようにこう言葉をかけた。

公開後の反響

――池澤夏樹による鈴木敏夫インタビュー、今回は『君たちはどう生きるか』の公開後になります。

鈴木　『スイッチ』のジブリ特集は売れている？

――四刷りを記録しました。

鈴木　雑誌の重版四回、ですか。

――発売直前にバーコードのトラブルが判明したため、書店での発売は二日遅れてしまったんです。八月二十日に並ばなかった。結果、書店の店頭でのポスター展開も二十二日以降に延期された。ネット販売から二日遅れたことにより書店の方からのクレームが多く来るかなと危惧したのですが、逆でした。様々な書店がSNSで「今『スイッチ』のジブリ特集号が届きました！」と店頭での写真をアップしてくれた。ネットが第一の波、書店が第二波の流れを作ってくれたんです。

鈴木　ちょうどよかったんですね。

池澤　人を集める旗になった。

――『スイッチ』のジブリ特集はネット注文ではなく書店で買いたいというジブリファンの方もいらっしゃった。映画を観て感じたいろんな思いを『スイッチ』を読むことで繙き、あらためてもう一度映画を観に行かれた方も多いようです。そんな感想が数多く寄せられました。私たちにとっては予期せぬ反響でした。鈴木さんの中ではもしかしたら最初から考えられていたかもしれないですけど。

鈴木　いやいや、全然考えていませんよ。いろいろありがとうございました。

池澤　特集は成功でしたね。あと、先日朝日新聞に掲載された「日曜に想う」という連載の吉田純子さんのコラムを読んで感心しました。「『君たちはどう生きるか』は言葉よりも音が雄弁に語る映画だ」と。

鈴木　僕も読みました。

池澤　この見方は随分感心しました。

鈴木　この方は確か、東京藝大出身で音楽をやっていらっしゃったんですよね。

池澤　ああ、だから詳しいんだ。

鈴木　いきなり音楽から入っていますよね。

池澤　「何万年もかけて育まれてきた命のイメージを、久石さんの音楽は想起させる。増大や拡張、熱狂などとは相いれないミニマル音楽への志向を、晩年の坂本龍一さんも深めていた。感覚に麻酔をかけられ、重力を失って漂ううちに、私たちが抜け出せずにもがいている何かの正体が、ゆっくりとあぶり出されてくる」と吉田さんは書いていた。『君たちはどう生きるか』はいろいろと新聞でも論じられていたけれど、一番印象に残っています。

——池澤夏樹による鈴木敏夫インタビューも、今日が完結篇となります。本日二〇二三年九月十四日現在、『君たちはどう生きるか』は興収八十億円に迫る勢いが続いている。五百万人以上の方が鑑賞したという計算です。今日の鈴木さんへのインタビューは、その公開後の感想からお訊きしたいです。公開に際して一切のプロモーションをしなかったこと、それがものすごく大きな話題を呼んだこと、製作委員会を作らなかったこと、宮﨑駿氏が取材を一切受けなかったこと。ものすごく大きな実験場だった。今の映画作品のプロモーションの方法に一石を投じた。公開前にティザーを展開して大きな話題を集めるというやり方ではない。映画が公開されて、映画館で観た方々の口コミの力の大きさを実感しました。この映画が広場となってみんなが自分の感想を持ち寄っている。そんな現象を鈴木さんはどう見ているのでしょうか。

鈴木　この十年、僕は、宮さんの映画作りをそばで見てきた。その中で僕が考えていたことは何かと言うと、映画興行の変化だったんです。一言で言えば、宣伝のやり過ぎ。僕が今回前宣伝をしなかったことは特別なことではない。みなさんがやっていることの、逆をやった方が効率がいいんです。みんなが宣伝しているんだから、宣伝しない。これが一番目立つはずなんですよ。ある程度成功率は高いと思っていました。

――その前例として、『君たちはどう生きるか』の前に公開された映画『THE FIRST SLAM DUNK』があった。しかしそもそも『SLAM DUNK』という作品自体のストーリーは僕たちは周知している。『君たちはどう生きるか』はその意味では冒険だった。

鈴木 そうでもない。

池澤 『SLAM DUNK』の場合はみんなストーリーを知っていた。一方『君たちはどう生きるか』を観たいと思っているジブリ映画のファンは、これまでのジブリ映画というものを知っている。だから、いきなりポッと出た作品で宣伝なしでやろうとしても、それは無理な話なんです。

鈴木 おっしゃる通りです。

池澤 ジブリにはこれまでのとんでもない実績がある。

鈴木 蓄積がね。

池澤 宮﨑さんが引退宣言を撤回してからこれまでの七年の歳月の中で、鈴木さんの役割は大きかったと思うんです。鈴木さんは折に触れ、新作の内容について少しずつ発表してきた。エッセイ集『ジブリの文学』では、宮崎駿の新作はファンタジーがキーではないか、と書かれている。

鈴木　自分でも忘れているんです。

池澤　インタビューでもいろいろと答えられている。結果それを辿っていくと見事な布石になっているんです。

鈴木　そんな真面目なお客さんはなかなかいないと思っていましたけれど。

池澤　いや、ジブリファンは「なんかすごいらしいぞ」と感じていた。鈴木さんというカーテン越しに、新作に対する期待感はこの七年の歳月で盛り上がっていったでしょう。

鈴木　宮崎駿が引退会見をしたのが二〇一三年、引退を撤回したのが二〇一七年。もう一回やると言ったら、やっぱりちゃんとしたものを作らなきゃダメです。そう思ったことは間違いないのです。そのためには作り方を変えて、新鮮なものを見せなくてはいけない。内容も充実させなくてはいけない。まず僕はそれに注視したのです。その上で、次は世の中に出すにあたってどうするべきか……。今の映画の宣伝の仕組みはどういうものなのか、あらためて勉強しました。すると実に無駄なことがいっぱい行われているということがわかってきた。結論として、みんながやっていることの逆を行くという選択肢に行き着いた。〝逆を行く〟ということで言うと、例えば映画『おもひでぽろぽろ』は二十七歳の女性を主人公にした高畑勲作品です。当時は〝キャリアウーマン〟と呼ばれる働く女性たちが脚光を浴びていた。テレビドラマでも成功するキャリアウーマンが描かれていた。でも実際の女性たちがどのくらい社会で成功しているのかと考えたら、実は成功率は低いに決まっている。それならば、そうしたうまくいかなかった方たちを対象にした方が共感が得られると思った。この映画の、田舎の生活に憧れるキャリアウーマンの回想録という形式に対して、思い切ったことをやったとか、勇気があったとかいろんなことをみなさんから言われました。でも自分ではそう思ってはいないんです。だからそこにはギャップがあります。だから本当のことを言うと、『君たちはどう生きるか』ももっといかないのかなあ、というのはちょっと思いましたけどね。

池澤　興行成績が、ということですか。

鈴木　そうです。昔と今を比べるわけではないけれど、今は映画全体の興行成績が悪いです。

池澤　映画界全体が……。

鈴木　これを言い出すとキリがないけれど、現在はどんな作品をやってもなかなかヒット作が生まれにくい状況になっている。それをどうにかするために宣伝に力を注ぐというやり方を多くの映画会社はやっているけれど、それには手を染めたくなかった。

池澤　宮﨑さんが七年の歳月をかけ、さらに世間の期待もあるから絶対にいいものを作らなくてはいけなかった。そうならない可能性もあり得たけれど、実際にいいものが出来上がった。

そうなったのは宮崎さんの才能もあるし状況もあるし資金もあるし、会社の運営もある。最終的にいいものが出来たという判断の上で、宣伝なしという方針をとれたわけですよね。宣伝というカンフル剤を打ってもヒットしないようなものだったら、それはそれで何か別のやり方を考えなければいけなかったわけで。

鈴木　うまく言えないけれど、〝いい作品〟というものの中には人それぞれの好みが入ってくる。だとしたら質を高めるしかないわけです。ある時、亡くなった高畑勲さんから教えてもらったことがある。美術の発展過程は四段階ある。アーカイズム、クラシック、マニエリスム、そしてバロック。これまでジブリをやってきて、そのクラシックのとば口には到達出来たんじゃないかという自負があった。それをお金と時間をかけて、一気にマニエリスムまで持っていけないか。それが引退撤回をした宮﨑駿の表現のテーマだと考えたのです。さらに今のジブリファンはそれをどこかで望んでいるという読みはありました。途中でラッシュを観て、「しめた！」と思いました。僕としては、これならなんとかなると思ったのは確かです。

池澤　なるほどね。ただ〝マニエリスム〟って、読み方を変えれば〝マンネリ〟ですからね。そこのところの見極めが大事ですね。その意味でも『君たちはどう生きるか』は傑作になっていると思います。鈴木さんがラッシュを観て大丈夫だと感じられたその実感を具体的に繙いていただきたいのですが、それは絵の強さだったり、個々のシーンの強さだったりを感じられたのか、それとも映画全体のエネルギーを感じられたのか？

鈴木　抽象的なことではないんです。時間があるということはどういうことかというと、普段できないことに挑戦することなんです。『千と千尋の神隠し』の時に、銭婆という人の家にみんなで行って、表に出たら竜になったハクが待っていた。それに乗るというシーンはなかったんです。なぜかと言うと、描くのが大変だからですよ。そういう要素の組み立てが今回は一つも手を抜いていない。一本の映画を作っていると、最後の方は力及ばずということが多かった。手を抜くということではなく、時間とお金という現実的な問題がいつも壁となっていた。逆に言えば時間とお金があれば、そういうことができなくなる。実を言うと、一番困ったのは宮さんですよ。本当に「どうしたらいいいんだ」と言っていた。だから「やっていただかなくてはいけないんです」と答える。そうすれば、ある一定のお客さんを呼び込むことができるという自信はありました。

最後の作品か

池澤　高名な映画監督は晩年になると駄作を作ってしまう、つまらない作品になってしまうということが往々にしてあるじゃないですか。宮崎さんに対する鈴木さんの役割としては、優れたアニメーターとお金と時間を用意して対策を練ったわけですね。

鈴木　名を残した監督が晩年になぜ駄作を作るのか。実は晩年の作品は制作費が少ないのが現実にあると思うんです。黒澤明の『まあだだよ』という作品は制作費が少ないが故に、いろいろ補填することをやっています。やらざるを得ない。例えば後半のシーン。ある群衆劇の色合いで教え子たちが出るシーンで段取り芝居をやっている。表現としては不十分なんです。決めごとをやるだけで俳優たちが生きていない。お金と時間があれば黒澤はもっと俳優を生かしていると思います。

池澤　そういうものなんだ。

鈴木　というふうに僕は見ます。

池澤　監督の年齢による体力的な衰えとか粘り、集中力という内面の問題ではなくて、予算を十分に与えられているかどうかという問題なんですね。まさにプロデューサーの手腕だ。

鈴木　そう、とても具体的です。

池澤　『君たちはどう生きるか』が公開後に口コミでなぜ広がっているのか、映画の中身について言えば、映画が問題提起とその解決というパターンの常套手段を取っていない。謎が次から次へと出てきて、説明もないまま前へ前へと進む。だからこそ観た者は、後になって論じたいんです。自分の見方が果たして合っているのか。今までのジブリ愛が試されると言ってもいいかもしれない。

鈴木　ああ、そうですよね。

池澤　観ていない者は何を論じているかわからないから急いで観に行く。輪に加わろうとする。それが、果てしなく続いているのだと思う。二度、三度観る人も多いんじゃないかな。

鈴木　実際にそういう声も入ってきます。

池澤　次々と謎が繰り出されてくる。手元にたくさんの弾があり、それらを連射できた宮﨑駿のそれが実力なんだと納得する。これまで作ってきた膨大なストックの数と大きさで圧倒する。意味付けだけでは終わらない映画になった。今回はそこに鈴木さんから金と時間はいくらかけてもいいと言われた。

鈴木　その通りかもしれないですね。だから宮崎駿という人は、なんて言ったらいいかな……『君たちはどう生きるか』も謎が謎のままある。『ハウルの動く城』を例にすると、宮さんは次から次へと常に新しい話を立ち上げるんです。で、その問題は決して解決しない。そういう癖みたいなものがあるんです。この布石をどうやって回収するのか、どう閉じるのかと、心配になる。残った謎が気になってまた観に行く。

池澤　その謎がわかりにくいものだから、もう一度観に行くということもある。同時にこの作品には、ともかく映像に身を浸す快楽というのがあるでしょう。観る者がジブリの作品に対してどれだけ自分が傾倒しているのかも試される。

鈴木　『スイッチ』の掲載と合わせて、ラジオ（「鈴木敏夫のジブリ汗まみれ」）でもインタビューを放送したんですけれど、池澤さんの『君たちはどう生きるか』の解説はみんな目から鱗と言うか、単純化できたんじゃないですか。昨日宮さんにこんな報告をしたんです。「池澤さんが雑誌で映画を解説してくれたんです」と、「一種の英雄物語。つまり少年の成長を描く。そこでいろんな試練が現れて、それを一個一個解決していくのが『君たちはどう生きるか』の世界だ」と言っていいます、と伝えました。そうしたら宮さんは「説明が上手だね、その人」と言い、「そういう映画なんだ！」と自分でものすごく感心していました。英雄物語という古典を宮さんは作ったと、あらためて話をしたんです。

池澤　ただそれが今回は二重三重に構築されている。

鈴木　若い人が『スイッチ』を読んでラジオを聴いて、一体どう思ったのか。映画を観てもっと悩んでいたいのに、早々に答えが出てしまったと思ったかもしれない。困りますよね。そんな簡単に説明しないで、と。

池澤　そうしたら「もう一度観てください」と答えます。

鈴木　そうですね。もともと宮さんは謎解きが好きなんです。そして少年が試練に遭ってそれを一つひとつ越えていくという展開が好きなんです。実は今回の作品で僕が最初から一番心配だったのは、主人公が少年であることだった。少年を主人公にすることを僕はいつも反対してきたんです。直截にその理由は、お客さんが来ないからです。世の中を見てきて、大きな変化を見せたのは女性なんです。その一方で男は何をしてきたか、男は変わらないわけでしょう。女の子が試練を越える物語を提供できれば、みなさんの興味につながる。でも少年を主人公にしたら誰も観てくれないと思っていたんです。僕はそういう立場の人間なんです。平成を振り返ってどうですかとあるメディアで問われた時があって、ハッと思いついたんです。平成最初のジブリ作品は『魔女の宅急便』でした。平成の間、ジブリ作品は『紅の豚』を除いて主に女性が主人公なんです。それは偶然ではないです。やっぱり女性が大きな変化を見せた時代だからなんです。

池澤　例えば、角田光代の小説『八日目の蟬』にはおよそロクな男が出てこない。全部ダメ男ばっかり。女性たちは強く生きていく。主人公は愛人の赤ん坊を盗んでこっそり隠れて育てる。

鈴木　『八日目の蟬』は面白かったです。

池澤　途中で手を貸してくれるのはみんな女なんです。それが自然に受け取られる時代だった。

鈴木　だから、少年を主人公にするのは大変だという気がしたんです。

池澤　しかし宮崎さんは少年を立たせた。

鈴木　いや、宮さんはずっと「男の子を主人公でやりたい」と延々言ってきたわけですよ。僕はそれにずっと反対してきた。「何でもいいから女の子にして」と。これはしょうがないんです。露骨に言えば映画作りにはものすごいお金がかかる。それを回収するには女の子が主人公でなければ困るんです。ついでに言うと、エディプス・コンプレックスも困るんです。男の子が無意識のうちに同性である父を憎み母を性的に思慕することは、観る者の感動が減ると僕は考える。

池澤　でも『君たちはどう生きるか』とタイトルを決めてしまったら仕方がない。原作はコペル君という男の子が主人公だから。

鈴木　はい、仕方がないです。

――では、少女にしか夢を託せないのは何故ですか？

「いや、だから、少年を主人公にして作ると、悲劇的にならざるを得ないって言ってるでしょ？　悲劇的な映画を観終わったとき、観てよかったと、みんなが思えるように仕立てるためには、大変な能力が必要で。だから、それはぼくの手に余るんじゃないかっていう恐怖のほうが強いんですよ。ぼくだけじゃなくて、周りもみんなそうなんですよ。『魁!!男塾』みたいなものを作るんだったらね、そりゃあ、ぼくじゃなくても誰かがやってくれるだろうけど。でも、そういうのじゃないから、周りの男たちを観察しているとわかります。この頃、なにをして生活してるのかわからない人間が、こんなに街に溢れてるんだって、本当に実感するようになりましたから。そんな時代だから、女のほうがなんとかなってる……いや、なんとかなってるフリをしてるのか、それはわかりませんけど。でも本当にこれは、ぼくらの社会が直面している最大の問題で。そんなとき、男を主人公に映画を作るっていうのはどういうことだっていう」

（中略）

「なにも持ってないんです、少年というのは。だから少年を主人公にしたら、映画館にお客が来ないだけじゃなくて、作りようがないんです。少年が活躍する場所がないんですよ。そう思いませんか？」

――でも、宮崎さん。
「はい」
――宮崎さんの作品は、昔から主人公は少女だったんですよ（笑）。
「ぼくだって少年を主人公にしたいと思ってます」
（『CUT』二〇一〇年九月号　渋谷陽一氏による宮崎駿インタビューより）

――『君たちはどう生きるか』は十二月八日に全米公開が決まりました。タイトルは『The Boy and The Heron』、〝少年とサギ〟です。そのタイトルは鈴木さんが付けられたんですか。

鈴木　はい、僕が考えました。

池澤　『君たちはどう生きるか』、つまり〝How do you live?〟ではないと僕も思っていた。

鈴木　それは無理だと思いました。

池澤　『The Boy and The Heron』というタイトルは美しいです。

鈴木　素直にこれしかないと思いました。

池澤　Heronという言葉だけで、メインポスターの絵につながるようなイメージが浮かぶでしょう。

鈴木　海外では台湾が一番早く公開される。その公開に先駆けて、日本での記者会見では台湾のメディアの記者が十数名お見えになって、いろんな質問をされたんですけど、その中で「宮崎作品と言えば、必ず登場人物が空を飛ぶ。そして今回は鳥が出てきている。それらはみんな悪役です」と言われた。僕は鳥が悪役とは気がつかなかったのです。「あれ、そうでしたっけ?」と答えただけ。面白いです。欧米の方もアジアの方も、もっと率直に観ていると思ったんです。特に台湾のメディアの方は直截です。台湾には宮崎駿ファンが多いということもあるのでしょうけれど、インタビュアーがいきなり「私の母は……」と自分のことを話し始めた。どうしたんだろうと思いながら聞いていたら、その方は母が十年前に癌になり、『風立ちぬ』が台湾で公開された時に、「私が観たかったけれど観に行くことができないから、あなたが代わりに観に行ってきて」と母に言われたと言う。そしてその後亡くなられた。そんなことをインタビュアーが話し始める。それで、いかに自分たちが宮崎さんを尊敬していたかということを延々としゃべっていました。僕はそれを言われてどう答えたらいいかすごく困りました。パッと見たらその方は泣いていらっしゃった。とても印象的でした。

池澤　隣人の物語として宮崎映画を観ているのですね。ジブリ作品には映画の力、本当の感動というものがある、ということなんですね。

アフリカの風

——スタジオジブリ小冊子『熱風』の『君たちはどう生きるか』特集号は、劇場パンフレット、『スイッチ』に続く情報公開第三弾となりました。米津玄師のロングインタビューは彼のジブリ愛が伺い知れて面白かったです。でもそれ以上に鈴木さんの長女鈴木麻実子さんを中心とした座談会ページが興味深かったです。『君たちはどう生きるか』のわからなさを麻実子さんは正直に吐露されながらも、同時に圧倒的な熱量を感じて「ジブリの中で一番好きかもしれない」と言う。その発言が興味深い。

鈴木　座談会の出来が良くて、非常に面白かったですが、その中で娘のあの発言は正直びっくりしました。彼女にとっては父親がジブリでしょう。だからジブリが嫌いだったんです。プロデューサーという立場はつまらない。情緒とは関係ないところでいろいろやらなきゃいけない。でもこれはしょうがないです。

池澤　プロデューサーとはそんなものです。作品に酔っていてはいけない。「いいなあ」なんて言っているんじゃダメ。

鈴木　そうなんです。映画をご覧になってみなさんどう思われたか、それをもっと知りたいと思っているんです。久石譲さんがこの映画であるチャレンジをしたんです。あの方は学生時代にミニマル・ミュージックというものを学ばれていて、今までジブリ作品では封印していたミニマル・ミュージックだけで今回はやってみたいという提案書をいただいた。僕は悩みました。なぜかというと、映画音楽に大事な要素である情緒が出ないから。

池澤　情緒的な場面を音楽で煽ることができない。

鈴木　そうなんです。つまり喜怒哀楽を表現できないんです。でも宮さんに伝えたら簡単に「あ、いいよ」と言われた。それでもっと悩んだんです。普通悲しい時は悲しい曲を流す。映画としては観てわかりやすいものになる。僕はそういうことも考える立場なんです。でも一旦宮さんがOKを出したらもうしょうがない。それで進めました。宮さんは大真面目に喜んでいました。後である方に聞いて知ったんですけれど、アニメーション映画で音楽全編をミニマルでやったのは、初めてだと聞きました。久石さんはそれをずっとやりかったわけなんです。

池澤　その代わりに、米津玄師さんのエンディング曲が謎の物語のすべてを氷解させていく。あの歌にはご自身の音楽と宮﨑さんの経てきた人生そのものが重ね合わされている。

鈴木　米津さんは絵コンテを読み込んでいます。内容を読み込んだ上であの歌詞が出てきている。そういう意味で言えば、本当に米津さんを起用して良かったです。
──米津さんは自分が主題歌で起用されるとは思わなかったと『熱風』で語っています。

鈴木　それは嘘ですよ。米津さんの主題歌は五年前に決めていました。きっかけは僕が作ったんです。僕は歳だから、今どんな歌い手がいてどんな曲が流行っているかとか、何もわかっていないんです。そんなある日、ジブリで『トトロの生まれたところ』という本を作ったスタッフが僕にこう言ったんです。「米津玄師さんが「Twitter でつぶやくと本が売れる」と。それで「鈴木さん、米津さんに手紙を書いてください」と。でも僕は米津玄師という名前を見てもわからなくて、どこかの坊主かなと思ったぐらいなんです、本当に。それで「あなたがつぶやくとすごいらしいね。ぜひこの本のこともつぶやいて」と手紙を出した。そうしたらすぐに返事が来たんです。「ジブリ汗まみれ」を毎週聴いています、と。「え、何この人⁉」とびっくり。これはもうラジオのゲストに呼ばないといけない。でも彼は若いでしょう、僕と話が合うんだろうかと。正直僕は新しく人に会うことが苦手でして。でも、お呼びしたら気が合った。そしてなんと米津さんは僕の娘に会いたがっていたんです。

池澤　作詞家としての鈴木麻実子さんですね。

鈴木　米津さんは彼女が訳詞した「カントリー・ロード」が大好きで、毎日歌っていると。この歌で自分の気分を整えて次に向かうことができる。米津さんは「自分を救ってくれた歌だ」

と言う。

池澤　先ほどの話に出た台湾の記者の方と同じ、ジブリの実績ですね。蓄積と言ってもいい。一人ひとりみんなの中に自分のジブリがある。

鈴木　米津さんは頭の中で自分だけの幻の主題歌を何回も作っていたという。それで今回お願いしたんです。その情熱は尋常じゃなかったです。

――「地球儀」の最初のバージョンは、主人公が死ぬまでの長い物語だったと。

鈴木　もっとシンプルでいいと思っていたんです。

――「地球儀」の世界観は宮澤賢治にもつながっている。

池澤　決して意外ではないでしょう。宮澤賢治はオマージュされやすいんです。ドタバタがいっぱいあった後で、スーッと沈めるには一番効き目があるんだと思う。

鈴木　『千と千尋の神隠し』に、電車に乗る千尋とカオナシのシーンがある。あそこは誰が見ても『銀河鉄道の夜』です。この案が出てきた時に僕は考えました。また宮さんはロクでもないことを考えているなと。

池澤　引用が直截すぎる。宮澤賢治へのオマージュは自分自身の罪滅ぼしになっている、と？

鈴木　そうなんです、罪滅ぼしでしかない。

池澤　いいですね、その煩悩の塊なところ。高畑さんの崇高な世界に対して、宮崎さんの俗的な世界が魅力的です。

鈴木 あの人を支えているのはやっぱり煩悩であり、俗性です。それが宮さん。いろんな人に自分の作品を観てもらいたい人。

池澤 そういう意味で言うと、『君たちはどう生きるか』もまたずいぶんと煩悩の話ですね。

鈴木 どういうところが？

池澤 悩んで、考えて、決断して、良かったのかとまた考えて、そして前へ出る。

鈴木 宮さんと話をしていていつも思うことなんですが、やっぱり宮さんは煩悩に苦しんでいる人だということです。それが生きているということだと、自分に言い聞かせている人。物語を高尚なものにして、それでスッキリする。本当に面白い人です。飽きません。

――『熱風』の米津さんインタビュー最後の、インタビュアーの言葉が印象に残っています。「本当に素晴らしい楽曲でした。宮﨑さんや鈴木さんがこれまでやってきたこと、その足跡と今この瞬間が、この曲を聴くたびに何度でもよみがえるような……本当に素敵な曲を書いていただき、とても感謝しています」。

声優の選択肢

――『君たちはどう生きるか』の声優陣について、鈴木さんにお訊きします。主人公の眞人の声を演じた山時聡真さんも含めて、声優陣はすべて鈴木さんが決定された。あいみょん、木村拓哉さんと決められた過程を教えてください。特に山時さんの起用は意外でした。

鈴木　山時さんの噂は聞いていたんです。天才少年がいる、と。それで声を実際に聞きたくなったんです。ご本人から希望したわけではないのですが、オーディションに参加していただきました。ジブリのスタジオ近くに住んでいる高校生で、毎朝自転車でジブリの前を通って通学している子だった。高校もスタジオジブリの次の駅にあった。それで、実際のオーディションでもすごく良かったんです。「まさか選ばれるとは思いませんでした」と、本人が一番驚いていました。宮さんは、何しろ自分の役ですから、どんな人が眞人の声を担当するのか気にしていましてね。山時さんは二枚目で、喜んでいました。

池澤　誰か他に選択肢はなかった？

鈴木　他にも候補者はいました。他の声優も全員オーディションをして決めていきました。あいみょんもそうです。あいみょんもまたジブリ作品が大好きだった。ラジオ出演がきっかけでした。声優でジブリ作品に出たいという強い思いがあったんです。その時のあいみょんの言い方が実に面白かったです。「ジブリの主題歌に私の歌は合わない」「でも、声優はやってみたい」という申し出でした。

池澤　主題歌に自分の歌は合わないという言葉は驚きですね。

鈴木　オーディションでは彼女ものすごくアガっちゃってね、最初は大変だったんです。その姿に彼女の中のピュアなものを見た気がしました。宮さんも最初に彼女の声を聞いた時は「うーん」なんて、ＯＫが出ない感じもしたんだけれど、結果、ヒミという大事な役をやっていただいて本当に良かったと思います。

池澤　あいみょんには最初からヒミというイメージがあった?

鈴木　あいみょんは、どうせならヒロインが本人も喜ぶだろうなと思ったんです。でも自分ではヒロイン役は落ちると思っていたらしくて、それでもオーディションの機会を作ってもらえたことにすごい喜んでくれて、その時に宮さんに紹介したんです。あいみょんは「オーディションはダメだったけれど、宮﨑さんに会えて幸せでした」と言っていました。緊張していましたね。宮﨑アニメのヒロインの声は大体女性っぽいんです。でもあいみょんの声を聞いた瞬間に、サバサバした声のヒロインはどうなるんだろうと逆に興味を持ったんです。僕は強力に推しました。でも、一番最初に決めたのは木村拓哉さんでした。

池澤　眞人の父、勝一役の。

鈴木　早かったです。勝一は宮さんのお父さんがモデルです。そうしたら木村さんしかいないと思いました。ハウルが歳を取ったイメージだった。ハウルがお父さんになったら、中年になったらこうなるんじゃないかと。木村さんは想像以上に上手にやってくれました。途中、宮さんが「鈴木さん、大丈夫？」と疑っていたんです。ほとんどの俳優のことは知らないけれど、木村さんだけは知っていた。それで、自分の親父のことだからすごく気にしている。ところが第一声でもう気に入ってしまったんです。「ああ、これは本当にいい」と、宮さんは木村さんを絶賛していました。

池澤　第一声の台詞は覚えていますか？

鈴木　台本の順だったと思います。他の俳優はアニメーションだから台本を持って現れるんです。ところが木村さんは台本を全部頭に入れてスタジオに来る。取り組み方が違っていました。ハウルの時もそうでした。

――木村さんは最初は勝一に自分自身が加担できないと悩んで、もう一回やらせてほしいと鈴木さんにお願いしたと、『スイッチ』のインタビューで語っています。

鈴木　そうでした。
池澤　勝一の役柄を好きになれなかった？
鈴木　側から見たらその嫌な感じがすごく良かったです。
池澤　勝一もダメ男。
鈴木　宮さんは父親をそういう人として描いたんです。僕はハウルと同じだと思ったんです。勝手でどうしようもない男なんです。木村さんは男のいい加減さを表現できる俳優なんです。
池澤　そういうものか。
――物語の中で男を描くということは池澤さんも創作の中で何度も試みている。自分の中での加担のさせ方に意識はされるんですか？
池澤　気持ちの上では、女性が活躍する方が僕はずっと書きやすい。根底は母親コンプレックス。母はいろんなことをしたかったのに、時代とか夫の病気、生活苦といったことがあって、自分を発揮できないまま晩年に至ったんです。だからリベンジをしているのかもしれない。女たちを活躍させたい。例えば『タマリンドの木』という恋愛小説では、男は東京から動けない。女はタイにいて動けない。どうするかという時に、男の方を動かすようにした。これは新しい男性像という設定だから判断できた。日本のダメ男は異国に飛び込むリスクは犯さない。
鈴木　『花を運ぶ妹』でも、兄は刑務所に入ってしまうダメ男。

池澤　そうですね。
鈴木　妹を活躍させるのは、そういう母への思いがあるわけですね。
池澤　自分は最初からそれしか考えていないような気がします。
鈴木　男はダメな方がいいですよね。
池澤　うん。絵になる。

鈴木さんと池澤さんの仕事

――鈴木さんと池澤さんの仕事を具体的に繙いていきたいと思います。ジブリ作品では、かつて池澤さんは『レッドタートル　ある島の物語』の絵本の文章を書かれたことがあります。『レッドタートル　ある島の物語』は、マイケル・デュドク・ドゥ・ヴィット監督によるアニメーション作品です。池澤さんは『夏の朝の成層圏』では『ロビンソン・クルーソー』（ダニエル・デフォー著）がモチーフだった。そして『レッドタートル　ある島の物語』はある島に漂着した男の前に一人の女性が登場することで物語を動かしていく。

池澤　『レッドタートル』は人間界の外から来た母性的な女性が、彼を捕えて彼を救うという物語です。男が何をやっていても女の手のひらで踊っているという図式。これもまた、女性の勝利。わからないと言えば、なぜ彼女が彼を捕えようとしたのか。男が島から出ようとすると邪魔をするでしょう。それが僕にはわからない感覚だった。愛なのかもしれないし、独占欲なのかもしれない。

鈴木　自分の奥さんとの関係でしょうね。

池澤　なるほど。監督から奥さんに作品を捧げるという部分があるのですね。もともと映画には台詞がなかった。絵本だと言葉がなければストーリーを進めることができない。絵で説明できない部分を言葉にして展開していく。その役割は〝島〟しかなかった。

鈴木　『レッドタートル』だけだったタイトルに、池澤さんに「ある島の物語」と副題を付けていただいた。この映画には副題が必要だと思ったんです。自然に翻弄される中で……人間って自然に翻弄されるものじゃないですか。そういう中で二人の男女が出会って、小さいけれど確かな愛を育む。

池澤　僕も『レッドタートル』だけでは目立たないと感じていた。日本では、映画や本はサブタイトルを付けたり、それに代わるものを帯に入れたりすることで手に取りやすくするでしょう。それが「ある島の物語」だった。ある種わかりやすくなる。それで絵を見れば、面白そうだからと買ってくれる。そういうことです。物語の展開によって方向を定め、シーンを選択していく。絵を後でそこに当てはめていく。苦労は全くなかった。それはもう滑らかに進んで、文章もすぐに書けた。

鈴木　池澤さんになんとかしていただけると思っていた。マイケルも喜んでいた。

池澤　僕がしたことは絵本の造本の提案です。普通は縦位置の本を横位置の構成にして、開きの向きを逆にした。結果、絵の迫力が増した。絵が主役だから、絵を大きくしてほしいというのが僕の希望でした。

鈴木　今日は本当に来ていただいて、ありがとうございます。じっくりお二人で話し合っていただきたいです。マイケルには、池澤さんに文章を書いてもらって絵本をつくるということをカンヌで提案しました。池澤さんがおっしゃるには、『レッドタートル』という映画の一つの大きな特徴としてセリフがないので、島が語り手となる構成案はどうかと。それを聞いたときに、ぼくはなるほどなあと思いましてね。そういうことで言うと、もうそこで成功を確信しました。

で、何を言いたいかというと、ちょうど昨日、マイケルにもこの絵本の見本を見てもらったんですよ。文章を英訳したものも一緒にお渡ししたので。昨日読んでいただいたかどうか、ちょっとわからないんですけれど。

マイケル　Oui, oui. Yes.

鈴木　ああ、そうですか。じゃあ、その構成および文章についての感想をマイケルのほうからしてもらおうかなと思います。

マイケル　とても好きです。島が話しかける。そういった視点というのはとてもオリジナリティがあると思いました。その選択肢というのは、ある意味、私は納得がいったんですね。というのは、自然は人間の向こう側に存在しているのではなくて、自然は私たちと同じように生きている。だから自然が語るというのも、実は自然ななりゆきだったんじゃないかというふうに思いました。

あと、ストーリーの中にいろいろなエレメントが出てきますけれども、それをとても直観的に捉えているなという印象を持ちました。饒舌に語りすぎているのではなくて、限られた言葉で語られているという意味で、とてもおもしろいなと思いました。

鈴木　原作者として違和感のあったところはないですか。

マイケル　実は昨日、初めて本を見せていただくまで、ちょっとナーバスだったんですね。というのも、自分自身この作品と長い間関わってきて、この作品に言葉を乗せるのが自分自身難しかった。だからどういったものができるんだろうというので、期待もありましたけれども、ナーバスでもあったんです。

鈴木　不安もあったと。

池澤　ぼくも今日、その感想を聞くまで、大変不安でナーバスでした。でもまあ気に入っていただいたようで安心しました。ぼくがやったのは何かといいますと、映画から絵本をつくるというので、まずスティルというか、セル画というか、画面をプリントしたものを百枚ぐらいもらって、そこから選びながらストーリーをつくっていくと。ストーリーの流れは決まっているから、映画に沿って。それからどことどこを抜き出して。で、あんまり絵の数を増やして、説明にはしたくない。つまり映画の絵解きにはしたくない。それだったら映画を見ればいいわけだから。だから選んだ上で、なるべくさっくり、エレガントな絵本にしたいと。

一番肝心の、なぜ島に語らせたかというと、せっかくセリフがないんですよ。その静かな感じがすごくいいんです。そこで二人にセリフをしゃべらせてしまったら何にもならない。

（鈴木敏夫『ジブリの文学』座談「映画全体が非常に静かで、抑制がきいていて、気持ちがいい」より）

旅の仕方

――池澤さんが手掛けたNHKやTBSでのいくつものドキュメンタリー作品を、鈴木さんは「ジブリ学術ライブラリー」としてまとめられてきた。その全集は池澤さんの仕事に対する鈴木さんからの信頼感の賜物ではないですか。

池澤 そう、鈴木さんはまとめてくれるんです。

鈴木 まとめるとなると、いろいろと協力してくださる方が出てきた。本当にありがたかったですね。TBSも普通はなかなか難しいケースですが、全部OKになったんです。

池澤 アラスカとかハワイとか、それぞれのテーマは違っているけれど、いずれも辺境がどこかにあった。本当に変なところに行った。

――鈴木さんと池澤さんに質問です。旅先で出会った一番古い人間の記憶の跡は？

池澤 オーストラリアのアボリジニのロックペインティングかな。

鈴木 それは動物の絵とかが描かれていたんですか？

池澤　レインボー・サーペントという創造神、怖い虹の蛇が描かれていた。空を飛んでいて、いきなり上から降りてきて子供を拐ってしまう。後から子供の骨がバラバラ降ってくる。『パレオマニア 大英博物館からの13の旅』の旅の中で行きました。

鈴木　そういう意味では僕はストーンヘンジでしょうか。僕の場合はほとんどが映画のためのロケハンのような旅です。高畑さんと一緒に行く旅、宮さんと一緒に行く旅、それぞれ違う。高畑さんはあらかじめ予習しているんです。宮さんはぶっつけ本番です。それで大きな差があります。

池澤　発見していく旅と、再認識していく旅の違いでしょうか。

鈴木　僕はその違いを見ている。高畑さんは現代人に近いです。だけど宮さんももう八十二歳ですからね。いやー、まだ映画を作りたいみたいです。

池澤　『君たちはどう生きるか』にしても今までの作品の布石や、これからの展開を秘めた布石がいっぱい打たれていて、今後の可能性を感じています。

鈴木　だから、その時作れるかどうかですよね。もし次の作品を作るとしてもすごい時間がかかるんです。だから制作中に同時にお別れ会も準備しないと（笑）。

池澤　途中まで出来ていたとしても、さてそれをどう公開するかという悩みが生まれる。

鈴木　本当にそうです。『君たちはどう生きるか』の制作過程でも、宮さんとはそうした話をしたんです。本人も自信がないと言っていたから。だから、段取りとして絵コンテをまず完成させる。それをやると骨格がわかる。ただ、宮さんの作品はシーンの細部がそれぞれ異彩を放っているので、そこをどうするか。解決案は一つ、優秀なアニメーターを呼ぶこと。この二つをやっておけば、ある程度はできるかなと思ったんです。

池澤　そこまで考えていらしたんだ。

鈴木　僕は割と考えるんです。

池澤　投資しているわけだから。

鈴木　考えます。先ほどの旅の話でも同じです。誰かとどこかへ行く、その方がお年を召している場合は、不測の事態が起きた時にどう対応するか、シミュレーションします。全部用意をして行った旅も実際にある。

池澤　鈴木さんはやはり全身編集者ですね。

鈴木　そうですか（笑）。だって、考えておかないと後で大変じゃないですか。やっておくと楽なんですよ。やっぱり編集者なんです。

池澤　今度鈴木さんと一緒に旅する時は、考えておいてもらおう。

鈴木　（笑）。

池澤　池澤がぎっくり腰で動けなくなりました、というような最悪のことを考えるわけですね。

鈴木 いつも最悪を考えますね。
池澤 保険をかけるようなこと。
鈴木 そうです。癖になっていますね。最悪こういうことが起こり得るなって。
――今回の『君たちはどう生きるか』において最悪なケースは何だったんですか。
鈴木 それはやっぱり宮さんが途中で死んじゃうことですよね。本人にもそれは言っていました。でも裏を返すと、宮さんが途中で死んだらその作品は評判になるはずだと。それも話しましたよ。「だから宮さん、あんまりしょげない方がいい」って。「大ヒットですよ」と言っていました。だからその時までに、ある程度の形まで持っていっておいた方がいい。そこから僕は入るんです。
池澤 ここまできて力尽きたんだ、と。
鈴木 そうです。宮さんとは割とざっくばらんにしゃべるんです。
池澤 その直截さが全身プロデューサーでもある。すごいな、鈴木さん。
鈴木 それはしょうがないですよね、もう。高畑さんなんかもめちゃくちゃだったしね。大体、そういうものです。
――堀田善衞さんがその直截さを喜んだというのはわかります。
鈴木 え？

——鈴木さんが編集者時代に堀田さんに原稿を依頼する時でしたか、鈴木さんが堀田さんにかけた言葉、スペインの画家ゴヤを日本人が論じた姿勢はまるでドン・キホーテのようだと鈴木さんは言った。普通はビクビクしながらというか、言える言葉ではない。

鈴木　なんか出てしまう。でも言葉は選んでいるわけです。「あなたは馬鹿ですね」ということをそのまま直截に言うわけにもいかないから「ドン・キホーテですね」と言ったわけで。大体、すごいことをやった人はみんなそうじゃないですか。そこが面白いです。編集者なんですかね、僕？

——まさに全身編集者ですよ。

鈴木　僕は元々モラトリアムで、やりたいことは何もなかった。不思議なものですよね。

——鈴木さんの文章を読むと、編集者として学ぶことが多いです。

池澤　「そうか、その手があったか」がいっぱいあるんだよ。編集者の裏技として。

——破門にならない方法を学びたいです。

鈴木　この期に及んで自分に編集者という仕事は向いていない、合っていないというのがどこかにあるんです。プロデューサーも然り。何で僕がプロデューサーなんだろうと時々自問します。

池澤　じゃあ、天職は何だったんですか。全部がうまくいったとして。

鈴木　本当に、ねえ……。自分で逃げ出したくなります。だって大学出てやりたいことが何もなかったんですよ、本当に。それだけは本当です。何もやりたくないんです。

池澤　しかし何かやらなきゃいけない。人間として。

鈴木　そうなんですよ。大学の最後の学期、気がついたらクラスで就職が決まっていないのは三人だけだった。そのうちの一人が僕。こうなったら業界誌の記者でいいやと思ったんです。しばらく身を置けば、そのうちに何かまた見つかるだろうと高を括っていた。そうしたら僕のバイト先の所長さんが「鈴木くんさあ」と言って、「何ですか？」と訊いたら、「就職どうするの？」と言うから、「いや、まだわからなくて」と答えた。そうしたら「なんかマスコミ関係をやったら？」と言われたんです。新聞とか出版とか。僕、そう言われてびっくりしたんですよ。「何でですか？」と訊いたら、「向いているよ」って言われて。やる気は全くなかったんです。それでも新聞社に紹介してくれた。でも面接まで行くと、「君は新聞の社会的責任についてどう思うか」とか訊かれる、これが辛かったんですよ。そんなこと全く考えない方だから。本当に困った。

池澤　僕の少し歳上の友達で教育学をやっている人がいる。大学院まで行ったんだけど、しかしその先に大学で教えるポストがない。それでどうしようかと思って、教育関係の業界誌の記者を五年くらいやった。それも地方の仕事を全部受けて、行った先の先生や受講生たちと話をする仕事を五年間続けたことで、自分の学問の基礎ができたと言う。

鈴木　そういうことがあるんですね。

池澤　それで最終的に彼は今、京都大学の名誉教授ですよ。最後までやって。人間に会うのはいいことだって言っている。

鈴木　それはサクセスストーリーですね。たぶん、僕は学者に向いていると思ったんです。学問の道に行こうと思ったことはあるんです。先生も誘ってくれたんですよ。そっちに行こうかなと思っていたら、いろいろあって徳間書店というところに入っちゃうわけなんですけれども。

池澤　何を学究しようとしたんですか。

鈴木　特にこれというのがあったわけじゃないけれど、社会学というのは面白いなと思ったんですよ。当時流行っていましたけれど、マックス・ヴェーバーとか読んで、面白かったです。

池澤　鈴木経済学か、面白いかも。

堀田善衞の街

――今日敢えて堀田善衞さんの蔵書がある部屋で池澤さんによる鈴木敏夫インタビューの実施をお願いしたのは、お二人に堀田さんのことを是非お話していただければと思いました。宮崎さんは鈴木さんを通して堀田作品に触れてその後堀田さんの世界観に大きな影響を受けた。また池澤さんも御父の福永武彦さんと堀田さんの交友を通してその生き方に思いを寄せている。堀田さんの誕生日は池澤さんと一緒ということは余談ですが。

池澤　二人とも七月七日なんですよ。

――いわば堀田善衞というお二人にとって人生の師のような方についてお話していただければと思います。一九九五年朝日賞を受賞された時、その受賞記念講演で「西洋人は過去というものを後ろに考える、我々日本人もそうだ」ということを堀田さんは話された。

鈴木　映画『Back to the Future』を繙きながら語られた。ギリシャ哲学は、過去と現在というのは前にあるという。『君たちはどう生きるか』に近い世界だと思っています。その哲学がヒミに「眞人を産んであげるよ」と言わせるのかもしれない。

池澤　堀田善衞さんは父と同世代です。ものの考え方において最も国際的な視野を持った方でした。終戦とほぼ同時に上海に移り住んで、そこで上海という都市を俯瞰して小説を書く。『広場の孤独』という作品はその時の体験があったからこその世界です。作家として社会とつながるべく「アジア・アフリカ作家会議」をはじめ、世界を見て回った。欧米中心ではないもの見方をアジアから作る。人間的にも左翼としての筋の通し方が見事で、『若き日の詩人たちの肖像』にある抵抗の姿勢が魅力的な方でした。

鈴木　昭和十年代の作家の群像です。

池澤　中野重治さんにも通じる。堀田さんは党には関わらず、もう少ししなやかなやり方で時代に対して自分の考えを提示していくというスタイルを持っていた。

——堀田さんは上海を実に立体的かつビジュアル豊かに表現した。堀田が二十七歳の時に過ごした上海を題材にした『上海にて』で描いた崩壊していく都市はまさに東京でもあった。

池澤　堀田さんは見る人、そして見たがる人だった。小田実の『何でも見てやろう』とはまた違った姿勢、単純に物見高いんです。そこがまさに鴨長明なんです。『方丈記』で彼は、意味もなく鎌倉に行く。「見たい」だけで動く。戦乱の京都まで行って燃えてしまったところを見る、その物見高さ、好奇心。それを堀田さんは結構共有していたんじゃないか。だから、三月十日の東京大空襲の後で焼け跡をうろうろして、天皇が視察をしているその姿を遠くから見ていた。天皇が椅子を置いて座っていて、そこにみんなが来てペコペコしながら被害の報告をしているという光景に対して非常に批判的な目で「何の意味もないじゃないか」みたいなことを書いている。あの彼の遠くから天皇を見ている視線ね。あれが堀田さんだと思うんだ。その上でべ平連の活動支援とか、実際の社会にも関わる。まさに行動者でもありました。本当によく動いた。鈴木さんが編集者時代に堀田さんに原稿を依頼した、それは見る者の視点への敬意からですか？

鈴木　僕の場合はもっと単純です。宮さんが映画『天空の城ラピュタ』の制作中のことです。宮さんが一人で背負うものが多くて辛い状態になっていた。何か励ましたいと思っていたんです。『ラピュタ』と関連したところで堀田さんに文章を書いてもらったら、宮さんは元気になるなと思った。それだけですよ。

池澤　しかし、他の誰でもなく堀田さんにと思ったのはなぜなんですか？

鈴木　それは宮さんが堀田さんが好きで、名前をしょっちゅう口に出していたからなんです。

池澤　荒波の中にいる時の、ある意味で彼は羅針盤のような人ですよね。

鈴木　宮さんはそれを理解しているか、正直怪しいなと思っている。

池澤　怪しいんですか……。「巌の人だ」と宮﨑さんが書かれている。

堀田さんは海原に
屹立している
巌のような方だった。
潮に流されて
自分の位置が
判らなくなった時、
ぼくは何度も
堀田さんに
たすけられた。

（堀田善衛『路上の人』『聖者の行進』『時代と人間』復刻に寄せた宮﨑駿帯文より）

鈴木　宮さんは書いてあるものを正確に読み取ろうとする人ではない。それにもかかわらず、すごい言葉を思いつく。

池澤　僕はそれでいいんだと思う。他人の作品をパラパラ読んで拾えばいいんです、求める言葉が飛び込んでくるんです。石牟礼道子さんがその感性の持ち主。作品を全部は読まない。拾い読みしていって、いい言葉を盗む。つまり読破するのではなくて、拾っているんですよ。

鈴木　探す。

池澤　石牟礼さんにずっと寄り添ったのが渡辺京二さん。宮﨑さんにとっては鈴木さんみたいな人。

鈴木　渡辺京二さんも編集者です。

池澤　京二さんは石牟礼さんに厳しい。エッセイの途中で展開が変わることを嫌う。石牟礼さんに「書き直しなさい」と言うと、「ああそう、わかりました」と書き直す。

――堀田さんの文章が寄せられて、宮﨑さんの反応はいかがでしたか？

鈴木　もう、神妙になっていました。これは本当に喜んでいるな、と思いました。堀田さんに背中を押されたわけでもないのに、宮さんはそれから『天空の城ラピュタ』を真面目に頑張ったんです。だから僕としては、それで役割を果たしたと思ったんです。

――堀田さんに『ラピュタ』の制作途中に『風の谷のナウシカ』を観ていただいた。宮﨑さんは知っていらっしゃった？

鈴木　むろん、内緒です。宮さんはお兄ちゃんが欲しい人なんです。自分の指針となる存在が大事なんです。その人が何を言っているかじゃないんです。誤読であろうがなんであろうが、自分を認めてくれるのが大事なんです。宮さんにとってずっと高畑勲が兄だった。最初は気づかない。僕から見るとその発芽が堀田さんだった。その方が亡くなると次誰かいないかなという感じなんですよ。ざっくばらんに言うと身も蓋もないんだけれど、でも実際はそうだと思いますよ。書いてもらった原稿の冒頭で「アニメーションの人から、こんな原稿書けって言われると思わなかった」と言われました。

池澤　日本人がどういうふうに生きるかをまっすぐ問うような内容です。

鈴木　お目にかかって、僕は堀田さんに無手勝流で注文をしました。「堀田さんは人間はどうやって生きてきたのか、それをずっと考えてきたんでしょう。この先どうなるのか!? それを書いてください」と頼みました。雑なお願いです。堀田さんは怒るどころか、それを喜んでくれたんですよ。

池澤　ど真ん中の直球でしたね。それをずっと堀田さんは考えていらしたわけだから。

鈴木　僕らの世代は、『広場の孤独』が読むべき本だった。その想いを受けて書いていただいた原稿は面白かった。

池澤　そう、堀田さんは理が立ち過ぎないで、人間味があって書くものが面白い。

鈴木　後に大江健三郎さんとの往復書簡も面白かったです。時々からかわれたり、嫌味を言われたり、そういうところも含めて堀田さんなんです。僕はすごいファンでした。ご自宅に伺ってお話をすると、冗談ばかりおっしゃっているんですよ。僕はそういう人間性も好きでした。幅広かったです。毎年正月に宮さんと一緒に伺っていました。話の中で唐突に井上ひさしさんの批判をされた。「一体彼は何をやっているんだ」と批判的な口調で言われたので、「あの人は小説というよりもお芝居の人で、すごくいい仕事をたくさんされていますよ」と僕が言ったら、「知らなかった。自分の不明を恥じる。悪かった」と謝る。素直な格好よさがあったんです。僕は堀田さんにはミーハーなんです。

——この話は重複になりますが、堀田さんから「ジャン＝ポール・サルトルと一緒だ」と鈴木さんは言われたことがある。鈴木さんにとって一番嬉しかったんじゃないですか。

鈴木　『ゴヤ』という作品を読んで、この人、本当にゴヤが好きなんだなと実感したんです。でも日本人がなぜスペインの画家のことを一所懸命に書かなきゃいけないのか、まるでドン・キホーテだと思った。その話をすると、堀田さんは「君と同じことを言ったやつがいるよ」と言う。僕が「誰ですか？」と訊ねると「サルトルだよ」と言われた時は、やっぱりなんか嬉しかったです。なんでも言ってみるものだなと思った。堀田さんはいろんなことに興味を持つ人、野次馬です。

池澤　そうそう、それが物見高いっていうこと。

鈴木　ねえ、そういうことですよね。

池澤　あの時代、あの世代にとってサルトルはやっぱり一つの拠り所だった。大江さんが重なる。大江さんも政治的な発言が多いでしょう。あれはサルトルなんですよ。『シチュアシオン』

という論集での「占領下のパリ」、いわゆるアンガージュマン、知識人が政治参加することの意味を堀田さんは考え、戦後日本で政治にコミットしていく。堀田さんとべ平連のつながりはこの例です。原稿を書きながら動く時は動く。

「現代という新たな乱世を生きる人々へ」

平安時代末期、ひとりの若者がいた。名前を藤原定家。彼は才能あふれる歌人だった。そのころの日本は平家と源氏が争い、世は乱れに乱れていた。そんな乱世を見ながら、彼は日記『明月記』にこう記した。

「紅旗征戎吾ガ事ニ非ズ」

紅旗とは朝廷の勢威を示す赤い旗のこと。征戎とは戎《えびす》をたいらげること。つまり紅旗征戎とは、朝廷の名による平家征伐のことを意味する。そんな天下の一大事にもかかわらず、定家は「吾ガ事ニ非ズ（おれの知ったことか）」とまるで切って捨てるように、書き記したのだ。当時、定家は一九歳だったという。

太平洋戦争の時代、ひとりの若者が『明月記』を手にした。二〇代前半だった若者は、戦争の時代のなか、自分がいつまで生きていられるか不安を抱えていた。だが時代は、そんな不安を口にすることすら許さなかった。

若者は漢文で書かれた『明月記』を苦労しながら読みすすめた。そして「紅旗征戎吾ガ事ニ非ズ」の一文を読んだとき、強い衝撃――それも一生涯つづくような衝撃――を受けた。若者は驚きのなかで考えた。「平安時代には、朝廷の戦争など知ったことかといえる自由があった。しかし、いま、自分たちにその自由はない。歴史は本当に進化しているのだろうか」と。

若者の名前は堀田善衞。無事戦後を迎え作家になった彼は、時代のうねりと個人はどのように向かい合うことができるのか、人間はそこにおいてどのような倫理をもちうるのか、ずっとみずからに問いつづけた。日本やヨーロッパの中世を舞台にした小説を書きつつそれを考え、またあるときには、世界中の作家と実際に交流を重ねながらそれを考えた。その言葉と行動は、よるべなき時代を生きる若者たちの支えとなった。

ひとつのことばの衝撃が、小説となり、思想となって人から人へと伝わっていく。二一世紀という新たな乱世を生きるすべての人々に、現代を生きるための哲学として、あらためて堀田善衞の言葉を贈りたい。


（鈴木敏夫『ジブリの哲学』「現代という新たな乱世を生きる人々へ」より）

堀田善衛の哲学

――堀田さんが、一九六一年に『モスラ』を中村真一郎さんと福永武彦さんと共同で脚本を書いた。

池澤 あれは全くの遊び。東宝の重役で東大の仏文の同級生がいた。その方から提案されて、三人で書き継いだんです。

鈴木 そうです。打ち合わせなし。

池澤 「ここまで書いた」「この後どうする」「お前に渡す」という感じです。だからあれは本当に、純然たる遊び。

――女性のための怪獣映画を作ってほしいというのがリクエスト。今まで怪獣映画は、子供たちが観る、男性の観る映画だった。女性が観る怪獣映画を作ってほしい。

池澤 だからザ・ピーナッツが出てくる。

鈴木 僕、『モスラ』大好きでした。確か中学一年だった。映画をノベライズしたものが、旺文社の『中学時代一年生』に、付録文庫本で載ったんですよ。それを大事に持っていたんです。

池澤　モスラは繭を作る。あの辺が母性的なのね。

――『風の谷のナウシカ』の王蟲のシーンを堀田さんが気に入っていたという趣旨のことを鈴木さんはエッセイに書いている。あのシーンはモスラと重なるようなところがあったのかと。

鈴木　どうでしょうか。堀田さんの奥様も素晴らしい方でした。奥様から堀田さんのこともいろいろお聞きしました。例えばヨーロッパでのご夫婦旅行の際、堀田さんは何かを見に行くとする。その場所は階段をいっぱい上らないといけない。堀田さんは奥様に「君、行って見て来てくれ」と言う。「全く自分は行かない。本当にひどい人なのよ」と奥様は笑う。いい二人です。堀田さんの東慶寺の墓が僕はすごく好きです。まるでご自宅のミニチュア版です。そういうところも好きだった。

――墓がまるでご自宅のようであるのは小林秀雄さんに似ています。鈴木さんに堀田さんの蔵書を贈られたのは娘の百合子さんでしたね。慶應大学時代のつながりがあった？

鈴木　いえ、ちがいます。最初に百合子さんにお目にかかったのは『風の谷のナウシカ』を観ていただいた時なんです。後で聞くと僕と同じ学年だった。蔵書は彼女の提案だった。蔵書を広くいろんな人が読む機会があってほしいとこの場所を作りました。

――本の並びは、当時のままの置き方ですか？

鈴木　百合子さんが選んでくれた本です。
池澤　不思議に落ち着きます。
――時間の概念を堀田善衞さんは過去と現在は前方にあると、ホメロスの『オデッセイ』になぞらえてこう言われた。現代人は未来が前方にあると考えます。逆にギリシャ人は未来は背後にあり、過去と現在は前方にあると考えた。しかし見る目がなければ、はるか向こうの過去は見えないという。その中で堀田さんは人間がかかわったもので、彼が見た一番古いものは、スペインの壁画だという。二万五千から一万五千年前に描かれたもの。
池澤　スペインのアルタミラ洞窟ですね。
――池澤さんと福永武彦さんのことを思うと、父宮崎駿との距離を考えた宮崎吾朗の心境がわかるんじゃないですか。
池澤　いや、僕は父とは全然接点がなかったからそんな葛藤はなかった。もちろん作品は読んでいたけど、一緒に暮らしていないし、そんな喧嘩するまでの親近感は何もないです。遠方にいる有名な伯父さんくらいの感じで、会うこともあまりなかった。作品も一通り読んで知らん顔していた。最近ですね、文庫の解説を書いたりし始めたのは。文学者として絶対に真似しちゃいけないモデルなんだから。不人情に読んでおいた方がいい。
鈴木　僕の福永武彦さんの想い出は学生時代に彼の本は古本屋で高く売れたということです。

本が夕飯に変わっちゃったことかな。

――例えば福永さんは『心の中を流れる河』で帯広を彷彿とさせる寂代《さびしろ》という町を舞台にしています。寂代は広い道路が碁盤の目のように引かれているが行き交う人がまばらな寂しい町として描かれていて、帯広のことはあまり好きではなかった様子。池澤さんが生まれ育った町のことを、池澤さんはどういうふうに読んでいたのでしょうか？

池澤　僕は風景として知っているだけで、あの人たちのモデルは知らないんです。寂代は帯広で、「更に先の町は彌果《いやはて》」と言う。とんでもない遠いところなんです。

――宮﨑駿さんが完成後のジブリパークを見て、「自分にはできない」と言った。

鈴木　あの言葉はあくまでも立前です。宮さんは人のものを認める人ではない。人が作ったものは批判する。たとえ血が繋がっていようが関係ないんです。その根底には自分がやった方がと常に思っている人です。堀田さんの『方丈記私記』を宮さんが読んで何を考えたか。宮さんは当時の京都を再現したい、それだけを思ったんです。そこを軸に本の中のヒントになるような表現を探す。そのために宮さんはその作品から京都の絵図にしていった。それこそテーマパークです。そこを宮さんが練り歩きたいのです。それを後付けで東京大空襲と重ね合わせるという、実際は何も関係ない。

池澤　練り歩きたいか……。本当は京都を燃やしたい？

鈴木　決して燃やしたいんじゃない。そういうわけではないのだと思います（笑）。もっと単純でその角がどうなっているかという興味もある。

池澤　今ならジオラマを作り、超小型カメラで撮りながら動く。

鈴木　今なら自由にできますよ。

池澤　現代アートのインスタレーションでよくそういうのがありますよ。

鈴木　鴨長明の人生をどなたか書いていただけたらと思います。『方丈記』の世界をまさに生きた面白い人生です。住む家がどんどん小さくなっていくプロセスは本当に面白そうです。本当に愛すべき馬鹿です。

池澤　ドジなことをいっぱいしている。

鈴木　堀田さんが、鴨長明は仏教徒に最後なったというけれどアレはにわかだろうと言われた。源実朝が鴨長明を探していると聞くと、まさに方丈として今の京都市伏見区日野の山中に一丈四方の庵室を構えていた鴨長明は、鎌倉まで駆けつける。それって人間的で、とても面白い。

池澤　彼の行動の規範が、まさに好奇心なんです。

鈴木　そういうことなんです、本当馬鹿馬鹿しくていいですよ。

池澤　その好奇心は堀田さんにもつながる。

鈴木　堀田さんの論文が面白い。当時の庶民、民衆の気持ちをこの人が代弁していた。

池澤　堀田さんも見たい人なんです。

鈴木　だから一緒に過ごす時間が楽しかったです。ご自分がスペインで出会った絵本を見せていただき、「こういうのを作ればいいんだよ」と言われたのが印象に残っています。逗子にあったご自宅の雰囲気もよくて居心地がよかった。

池澤　若い時、僕は自分を立てることに精一杯で、堀田さんのところに会いに行くなんて考えもしなかった。機会があれば話したかったと今は思うけれど。

鈴木　ここにある本も家具も帆船の置物も堀田さんのコレクションだった。堀田蔵書は棚に並べると背表紙の雰囲気が違うんです。僕の個人的感想ですが、今の本とは違ってモノクロの世界の重みがある。今の本の装丁は派手で明るい色を多用する。

池澤　今は店頭の平台で目立つように作る、かつ箱入りがなくなった。

――『君たちはどう生きるか』を堀田さんに観てほしかったですね。

鈴木　どうかな（笑）。

池澤　映画の舞台は太平洋戦争末期。堀田さんが目にした世界はまさにナチス・ドイツが台頭し始め、軍国主義の日本は中国に侵攻していく。そんな中で文学は、太宰治などが次々に作品を発表する。少し話は変わりますが、宮崎さんは白土三平をどう捉えているのですか？

鈴木　高畑さんも宮さんも、白土三平の影響は大きいと思います。あの人もまた面白い人です。

しかし白土三平が面白かったのは、百科事典を買う前。百科事典を買って史実に基づいてからがつまらなくなった。自由に書いていた方が面白い。『カムイ伝』より『忍者武芸帳影丸伝』の方が面白かった。

池澤 なるほどね。

鈴木 勉強してしまうと、それを整理整頓することが逆に難しくなる。

池澤 宮崎さんの話と同じで、理屈じゃないですね。表現の力は。

「方丈記とスタジオジブリと」

元を正せば、『方丈記』を読もうとした動機は不純なものだった。宮崎駿を理解したい。その一点だった。どういうことかというと、知り合ったばかりの宮崎駿が堀田善衞さんのファンで、『方丈記私記』を読んでいたく衝撃を受けていたからだ。出会って直ぐに、彼との相性のよさを感じ取ったぼくは、彼の読んで来たものをトコトン読み漁ろうと考えていた。でないと、会話が成立しない。だから、『方丈記私記』の場合も、ぼくは最初、義務感で読み始めた。

しかし、読み進むうちに、大いに魅了された。中世がそうであったように、現代は乱世だという堀田さんの指摘にまず目から鱗が落ちた。そして、昭和二十年三月十日の東京大空襲を回想し、一面焦土と化した東京で途方にくれる人々と、八百年前の鴨長明の経験を折り重ねる。堀田さんは『方丈記』を読みながら、いったい、日本はどうなっていくのだと考える。そういう内容の本だった。

さらに、ぼくが一番興味を持ったのは、長明は自分の体験した京の都を襲った天変地異——安元の大火、治承の辻風、福原遷都、養和の飢餓、元暦の大地震を、まるで現代のルポルタージュのように正確無比に描いているという指摘だった。同時に、堀田さん自身もまた、焦土と化した東京をリアルに報告する。ぼくなども、アニメーションの世界に入る前は、出版の末端に身を置き、記者をやっていた。自分が見たモノ、聞いたことを過不足なく第三者に報告する仕事だ。ぼくは、堀田善衞という作家の立ち位置に親近感を覚えた。その後、ぼくは堀田善衞の全著作を読みまくり、堀田さんという作家が、乱世の時代を生きた歴史の観察者、記録者だった人物に深い関心のある人だということを知る。

しかし、誤解を恐れずに言えば、宮さんはそんなことには、いっさい関心がなかった。『方丈記私記』に描かれた平安末期と東京の風景について妄想に妄想を重ね、それを膨らませることに一所懸命だった。しかも、細部にわたるまで具体的現実的にありありと。宮さんという人は、自分の思い描くその時代と風景の中にタイムスリップして自分が紛れ込み、その街を練り歩く。そういうことが好きな人だった。

宮崎駿は、一般の印象とは随分と違う人かもしれない。『となりのトトロ』に代表されるように一見、明るい作品が多いからだ。しかし、一方に『風の谷のナウシカ』がある。それは終末観の色が濃い作品だ。宮さんはぼくが出会った時から悲観論者だった。それも、並の悲観論者ではない。実際、悲観すると、肉体が壊れんばかりに支障を来す。眠れない夜が続き、挙句は目が腫れたり歩けなくなったりする人なのだ。『もののけ姫』に登場した乙事主の最期を思い出して欲しい。鎮西（九州）を領土として治める、齢五百歳の巨大イノシシの王だ。あれが、宮さんそのものなのだ。しかし、その悲観の深さが作品を生む。

宮さんがいつなぜ、悲観論者になったのかについては、ぼくはよく知らない。ただ、彼のそういうモノの見方への共感がぼくにも少なからずあった。心の中の深い闇、それが宮崎駿という作家の創造の原点なのだとぼくは理解し始めていた。

ぼくは、この『方丈記私記』を読みながら、ぼく自身のその後の人生の立ち位置を決めることになる。宮崎駿流誤読を理解しつつ、同時に本の内容を正確に把握する。それが、ぼくの仕事の上での役割だと考えたのだ。でないと、彼の考えることが世間につながらない。ぼくは、本気でそう思った。

『となりのトトロ』を作っている時の話だ。宮さんは、映画に登場するあの風景がその後、どうなったのかをラストに付け加えようとした。川は高速道路に、田園にはビルが立ち並び、様相は一変する。宮さんの描いたイメージボードを見せられた時、ぼくは身を挺して反対した。それをやれば、それまで心地よく映画を見ていた人たちを裏切ることになる、と。

その後、ぼくらは、堀田さんの新刊が刊行されるごとに、ふたりだけの読書会を自然と開いた。おたがい読後感を述べあうのだ。しかし、最後は必ずと言っていいほど、『方丈記私記』の話になった。そして、宮さんはインタビューで何度も『方丈記』の話をした。

後に堀田さんと知り合ったぼくらは毎年、年が明けてしばらく経った時期に、逗子にあった堀田さんのご自宅を訪ねることになる。それは一年に一回限りの年中行事になり、堀田さんが亡くなるまで続いた。同時代に堀田さんがいたことは、ぼくらの幸運だったとしか言いようがない。

堀田さんの代々木にあった東京のマンションにビデオデッキを持ち込み、『風の谷のナウシカ』を見て貰った日があった。司馬遼太郎さんをゲストに招き、堀田さんと宮さんの三人で日本を語って貰ったこともある。東京と大阪で、語り合って貰った時間は、計十時間以上に及んだ。これは、『時代の風音』という本になった。そして、晩年、堀田さんの生涯一度きりの出版記念パーティへの参加も幸せな思い出だ。
振り返ると、あれからもう三十年余の歳月が通り過ぎている。いったい、その間に、『方丈記私記』に何度目を通したことか。
さて、ここまで書いてきて、やっと気がついた。ジブリというか、宮崎駿と『方丈記』との深い関係について。信じがたい話だが、ぼくは今回、はじめて気がついた。自分の不明を恥じるばかりである。

（鈴木敏夫『ジブリの文学』はしがきにかえて より）

「親の世代」

堀田さんの文学には文学的ならざる恩義がいささかある。単なる読者としてのみならず、もう少しパーソナルな意味でも大事なことを教えられた。だが、それを説明するには、まずぼくと父親との関係のことを話さなければならない。
親と子の関係というのは、どんな場合でも、普通に人が信じているほど平凡にして単純なものではない。すべての親子はそれぞれに波瀾を秘めている。ぼくの場合、実父との仲は波瀾を秘めるどころか、具体的に奇妙だった。父は最初から遥かに遠いところにいた。

一緒に暮らしたのは一、二歳の時にほんの少し、あとは別れ別れになって、高校生になるまでこの父のことを知らなかったぐらいだ。その後、再会して行き来することになったが、共同の生活がないのだから生活感もまるでない。

こうなると父親像はどうしても抽象的になる。会って話していても、父というよりは甥に目をかけてくれる伯父貴のよう。本来ならば父親というのは最初から近くにいてうるさい存在であり、後天的な認識の対象ではないのだが、そういう幸福な親子関係をぼくたちは持ち得なかった(ただし、これはそのままぼくが薄幸の少年時代を送ったという意味ではない。世の中はそんなにロマンチックなものではない)。

その上、父福永武彦はたまたま作家であった。だから、書いたものを読むという、普通ではありえない方法で人柄の一面を理解することになった。面と向かってのつきあいの他に書物という別の経路があるのだが、読者であることと息子であることはそのまま重ならない。書いたものを読むことで、父親はいよいよ抽象的になっていった。

親の義務はいろいろあるが、幼い時はともかく長じた後には、前世代から後世代へ向けて何かを受けわたすという歴史的なものが大事になる。ぼくが本当に知りたいのは父個人の内面である以上に、父の世代のものの考え、歩んできた道、考えてきたことだった。そして、そういう欲求の手伝いをしてくれたのが、堀田さんの『若き日の詩人たちの肖像』

だったのだ。昭和十年代を生きた若い人々の群像を描くこの「自伝小説」は、自分が生まれ育った時代の一つ前を知りたいという若い者の欲望をうまく満たしてくれた。自分の一つ前の時代とは、すなわち親たちの時代である。ぼくが生まれたのが敗戦の年だから、日本が最も大きな変化を体験した時代を父の世代とぼくの世代は親子で渡ったことになる。

堀田さんと父は誕生日が四か月と違わない。間違いなく同世代である。そして、堀田さんが描いた知識人の群像の中に、富士君こと中村真一郎さんやドクトルこと加藤周一さんと並んで、日伊協会の詩人というあだ名で父がちらりと出てくる。具体的な描写はほとんどないが、大事なのは時代相だ。今のような徹底個人主義のしらけた時代に育った人には想像できないだろうが、あの頃、人々は実によく会って喋り、議論をし、徒党を組み、内紛でもめた。この堀田さんの本でも、父などを含む「マチネ・ポエティク」一派と、田村隆一さんたちの「荒地」一派の両方の人々の動きが後半の中心となっている。こういう時代を経て、こういう雰囲気の中でものを考えて、それで成立したのが父たちの世代だった。

そう理解したところで、別に親と子の仲に親密さが増したわけではない。堀田さんの本を「自伝小説」と定義したのは篠田一士さんだが、これには「自伝」部分と「小説」部分が等価であるという判断が含まれている。「小説」部分を無視するわけにはいかないし、そのあたりはこちらも用心して読んだ。実を言うと、あの本について父は「ははは、あれは嘘ばっかりだ」と言ったのだが、それは書かれた側の照れというものだろう。時代は多面的で見る者の視点ごとに違う像を結ぶ。それを小説の形で書きとめるとなれば、そういう批評が後から出てくるのはしかたがない。個々の事実がどこまで小説的演出を経てあの作品になったか、その詳細をぼくは知らないが、少なくとも時代の雰囲気についてはあれは実に正確だという読後感をぼくは持ったし、それは今読みなおしてみても変わらない。

これでは堀田文学をあまりに個人的な理由で読んだということになってしまうだろうか。それを補正するため、なるべく客観的な像を描いてみよう。堀田さんはまずもって見る作家である。見て、考える（『インドで考えたこと』という書名は実に堀田さんらしい）。昭和二十年代まで、日本には思う作家は多くても考える作家は少なかった。

見る。しかして考える。そのためにまず動く。見て、しばしば驚く。その驚きの内容は二つに分かれて、感動ということもないではないが、たいていはあきれる。人間というのはなんという生き物なのだとあきれはてる。だが、だからといって性急に見放したり、見捨てたり、絶望したりしてはいけない。あきれても、やれやれと思っても、やはり見る。しっかりと見据え、いつまでも見続ける。見たものについて考え、その考えを文章に乗せて報告する。つまり、言葉の最も高級な意味におけるジャーナリスト。

例えば堀田さんはこんな風に書く——「上海という都会には郊外がない。街が終ったところがすなわち江南の野のはじまるところである。だから、町の方へ向って夜の野道を歩いてゆく人は、前方にありとあらゆる光耀を見るが、ふりかえれば太古の闇しか眼に入らない。前方の都会に住む人は、或は夜を徹して起きているかもしれないが、闇の野に住む人は、そして灯油を買うのもままならぬ人々は、太陽と寝起きをともにする。前方は二十世紀かもしれぬが、後方は、日本で云えば封建徳川時代かもしれぬ」。

昔、このくだりを読んで本当に感心した。このようにヴィジュアルな喚起力があってしかも分析的思索的な文章は、近代日本の文学者が最も不得意とするところだった。大正以降、知識人たちはなぜか論理を捨てて感情に走る方を好んだ。精神力で戦争に勝てるとはちゃんちゃらおかしいと昭和二十年に生まれたぼくたちは思うが、ぼくがそう思える基礎はたぶん堀田さんや父の世代が用意してくれたものだったのだろう。その前の世代に対する反抗があの世代を生んだ。親の世代を理解するというのは、人間にとってずいぶん大事なことなのだ。

（『堀田善衞全集2—歴史・時間・夜の森 他』池澤夏樹 月報 より）

君たちはどう生きてきたか

鈴木　池澤さんはなぜ詩人になったのですか。ある日突然詩が浮かんでくるなんてことはないですよね。

池澤　うん。詩が浮かんでくるなんてことはなくて、まずは何か主題が来る。これについて書くとしたらどう書くか。主題はいろんな形でいきなり来ますよ。『君たちはどう生きるか』と問われてまじまじと考えます。今からでも間に合うんだよ、人生はと言われている気もする。

鈴木　考えているんですか？　僕はこれでもなんとかなると思ってもいます。

──最悪のケースを考えると言い、なんとかなると思ってもいると鈴木さんは言う。

池澤　鈴木さんは自ら炭鉱を切り拓くようなエネルギーに満ちていて、すごいなと思います。

鈴木　いやあ、いつも綱渡りです。

池澤　最悪のことを考えて最上のことを成し遂げるというのは、プロデューサーとして最高の状態です。その中で、『君たちはどう生きるか』の興行成績はもっといくと思ったというのは面白かった。

鈴木　映画の世界が変わってしまった。今は本当に悲惨な状態だと思います。

池澤　例えば？

鈴木　入場者プレゼントというシステムがある。昔は、初日プレゼントというのはあったんです。映画館に行ってチケットを買うと何かもらえる。それがどんどんエスカレートしていったんですよ。気がついたら、最初の三日間と言っていたものが一週間に延びて、今や毎日やっている。そこで手に入れたものを然るべきところに出すと売れるんです。何が悲惨かと言うと、これは非常に具体的な例なんですけど、シニアの方は入場料金千百円でしょう。そのチケットを買って特典を売りに出すと四千円になるんです。アルバイトとしても効率がいい。そうすると段々エスカレートしていく。

池澤　馬券を買っても儲からないけれど、映画のチケットを買うと儲かる。

鈴木　こっちの方が確実なんです。配給会社はどんな形でも売れればいいという判断になる。だからジブリはそれをやりません。それに乗れば確かに数字は良くなる。しかも半端な数字じゃないんです。僕も今回初めて知って驚いた。

池澤　ジブリ作品はネット配信もされていない。

鈴木　していないです。お客さんが望んでいないと思っているんです。それは勘ですよね。ネット配信をしたら何が起こるかと言ったら、例えば今日本テレビの「金曜ロードショー」でジブリ作品を放送している。ネットでいつでも観られるようになったら、放送は観てくれなくなります。そもそもは映画館のスクリーンで観たいものですよ。どこに自分の目が行っているかで、感じ方が全然違うんだから。それがディスプレイのサイズになると一度に全部目に入ってしまう。そういうことをいろいろ考えると、ネット配信をやらないことがサービスだと思っているんです。映画の宣伝も過剰な宣伝ばかりです。だったらしない方がいいに決まっているんです。ものすごい単純なこと。難しいことじゃないんです。

池澤 情報がないから、エンドロールまでちゃんと観る。途中で席を立つ人が誰一人いない。

鈴木 僕らが子供の頃なんて、映画の事前情報なんて必要なかったもの。

池澤 そう、映画館に飛び込めばそれが面白い映画だった。

鈴木 そうなんですよ。

池澤 それこそ絵看板一枚でした。

鈴木 やっていればなんでも面白かったんですよ。よくアンケート調査で、映画館から出てきた人に「この映画は面白かったですか?」と訊く人がいるんです。いい加減にしろお前、って。面白いと思うから観に行くわけで、面白かったに決まっているじゃないですか。そういう無駄なことを訊くなって。そんな、観てつまらなかったというのは贅沢なんです。

――『君たちはどう生きるか』は公開までポスターといくつかの書籍でしか告知されなかった。七月十四日の公開日に初めていろんな情報が出て、ネットが騒ぎ、声優陣が口コミでも広がる。八月になりパンフレットが出て、『スイッチ』が出て、これから単行本も出てくる。本当に完璧なマーケティングの流れになっているという感じに思いました。

鈴木 そんなことないですよ。それは一部の人しか買わない。そういうのを買うのはおかしい人、普通の人は買わないですよ。

――『熱風』の『君たちはどう生きるか』特集が出て、その編集の熱量に敬意を表しているのです。米津さんのインタビューもそうだし、別な号では渡辺京二さんを登場させファンタジー論を訊く。京二さんの『ゲド戦記』の話は新鮮でした。そして何よりも「ジブリ汗まみれ」のラジオがある。きちんと構成された強いスポーツチームのようです。

鈴木 そんな大袈裟に考えないでください。

池澤 まさに〝熱風〟は〝ジブリ〟ということですね。アフリカの風でしょう?

鈴木 そうです。サハラ砂漠です。

――今回の『スイッチ』のジブリ特集では、かつて『熱風』に掲載されたジブリパークを論じた池澤さんの原稿や、映画の中に登場する塔をはじめ宮崎さんの作品から見る建築論を掲載しました。実は密かに一番喜んでいらっしゃる読者は宮崎吾朗さんではないかとか思っているんです。

鈴木　ジブリパーク論は吾朗が本当に喜んでいましたね。ありがとうございました、本当に。

――ジブリにとって、吾朗さんの大切な役割を池澤さんの原稿から知ることができました。

池澤　あの時はジブリパークへのお招きありがとうございました。

鈴木　とんでもないです。ジブリ美術館とジブリパークの違いとは何か。ジブリ美術館は、今までジブリが作ってきた作品を使って何かを作るのではなく、全く新しい作品を作るべきだという思い、建物そのものがある種の美術作品であるという宮さんの思いです。一方で吾朗のジブリパークは、親父たちの作ったものを立体にして残そうという考え方が根底にある。思想においてて全然違うんです。これは面白かったです。こういうことが起きたんですよ。中川李枝子さんがお書きになった『いやいやえん』の中にある「くじらとり」という短篇で映画を作った。

池澤　観ました。

鈴木　ジブリ美術館では大人気なんです。ところが、ジブリパークではこの映画に足を止めて観る人がいないんです。そういう違いが起こる。

池澤　あれだけ広くていろんなものがあって、その中を歩いて回っている時に、足を止めて映画を観るという流れにはいかないんです。空間の密度の問題だと思う。

鈴木　それはあります。

池澤　それは公園論ですね。ある種「テーマパーク」というものに自分たちが慣らされてしまっている。ディズニーランドやユニバーサル・スタジオ・ジャパンには乗り物があり、アトラクションがある。ジブリパークはそういうものとは違う。

鈴木　あんなに広いところをどうするか、何を作ったらいいのか、本当に難しかったですから。ジブリパークは東京ディズニーランドの四倍ある。大き過ぎるんです。

池澤　だから僕は「実物大の王蟲を置こうよ」と言ったでしょう（笑）。動かなくてもいいわけだから。

鈴木　子供の頃、僕は名古屋の東山動物園によく行ったんです。石で出来たなんとかザウルスがあって、それを見に行くのが嬉しかったですからね。

池澤　土地があって、ある程度資金があって、なんでも自分が思うものを作るという時に、そこまでに培ってきたものをどう具体的な形にできるのか。条件を与えられて、それを生かせる人とそうでない人がいる。そこのところが吾朗さんはとてもうまかったんだと思う。おそらく投資した分を回収する目処を立たせるのに、電気では動かない仕掛けを作る。来訪者が歩き回るスペースを作る。そして家を再現する。

鈴木　「サツキとメイの家」。

池澤　与えられた条件をうまく利用していいものを作りましたね。それは歩いてみてわかったことです。

鈴木　いまだにあの家が一番人気なんです。あの家がジブリパークにつながっていったんです。

池澤　再現ができたというのは、元の図がいいんです。それは建築設計がカチッと全部できていて、矛盾がないから。映画用のセットというのはいろいろ嘘があるけれど、それがない。

鈴木　まあ、絵に描いた餅は宮さんが描いたわけです。それを具体化したのは吾朗で。実を言うとジブリ美術館もそうなんです。宮﨑駿が勝手に夢想したものを具体化したのは吾朗なんです。

池澤　絵コンテと建築においては、二人のリレーションは本当に素晴らしいわけですね。

鈴木　素晴らしいというか、喧嘩ばっかりしているんですよね。

池澤　まあ、そうでしょう。

鈴木　宮さんが見に行っては、「あそこは間違っている」とかいろいろやる。ある時吾朗から宮さんにFAXが届いて、パッと見たら、仕事とは全然関係ないことが書かれていたんですよ。一言、「俺はあんたに育てられたわけじゃない」と。あれには参ったと思います。それまでカッカきて怒っていた宮さんがそれを読んで、ワナワナと震えていました。まあそうだわなあ、と僕は一人納得していたわけです。

池澤　そのワナワナがある限り宮﨑駿は健在なんです。全米公開前にトロント映画祭があり

『君たちはどう生きるか』が特別上映された。トロントでの評価はどのようなものだったのですか？

鈴木　おかげさまで大好評ですね。たぶん、思っていた以上の評価じゃないでしょうか。すごいです。

池澤　これから全米公開での評価も楽しみです。どうもありがとうございました。本当に楽しかったです。

鈴木　楽しかったです。

あとがき

誰も知らない宮さんこと宮崎駿

ぼくが出会ったころの宮さんは〝何でも出来る人〟だった。仕事だけじゃない。身の回りのことも完璧だった。ふたりでちょっと出掛ける時も、宮さんはいつのまにやら、ぼくの分の切符まで買っている。ぼくにしても、〝気の利く〟方だと自認していたが、宮さんには敵わなかった。

若いころは、信州の信濃境にあった宮さんの山小屋にみんなでよく集まった。押井守も庵野秀明もいた。徳間書店の古林英明もいたし、日本テレビの奥田誠治もいた。三々五々集まると、宮さんが行動を開始する。そして、夕方を待つことなく、宮さんは〝助手〟を伴い、食材を求めて買い出しに出掛ける。そして、山小屋に戻ると、驚くべきスピードで人数分の料理を作る。しかも、その間を縫ってお風呂まで沸かしている。ソファに寝転がって、テレビを見てくつろいでいたぼくに声が掛かる。

「鈴木さん、風呂がそろそろ沸くよ〜」

声はやさしいが、それは声だけだ。順番があるのだから早く入れと命令している。宮さんが何でもやってくれるので、しばらくするとぼくは、〝何も出来ない人〟になってしまった。

仕事のことも日々の暮らしのことも、自分のことは全て自分でやる。そんな宮さんが、その後、どうなったのか？

＊

この数十年、私たちを取り巻く環境は大きく変わった。ひとことで言うなら、アナログからデジタルへ。なにしろ、誰もがスマートフォンを持つ時代になった。そして、あらゆるものがデジタル化した。それを使いこなせないと生きることが辛い時代が訪れた。みんな、そのデジタルに適応すべく涙ぐましい努力をして右往左往しているのが現代だ。

宮さんとて、それを避けて通るのは出来ない相談だった。仕事はまだいい。自分でやる必要が無い。デジタルに長けた人を雇って、自分のやりたいイメージを説明し、その人にやって貰えば事足りる。そういうわけにいかないのが日々の暮らしだ。

宮さんにとっては、電車というものは、お金で切符を買って乗る乗り物だった。それを、カードという便利なものがあると言われてその軍門に下るのは、宮さんのプライドが許さなかった。宮さんは東京生まれの東京育ち。江戸っ子だ。そのへそ曲がりは曲がりっぱなし。それどころか、意固地になって、宮さんは次第に電車に乗らなくなった。

こうなると、世間は狭くなる。見渡せば、デジタルだらけ。ガラケーまでは対応できた電話も、スマホは手に取ることすら躊躇した。アナログ時代の宮さんは新しもの好きで使いこなすのが誰よりも上手で、しかも、早かった。宮さんはデジタルを呪った。俺のことを馬鹿にするな！

宮さんは、あれほど好きだったクルマもついに手放した。現代の自動車はブラックボックスだらけ。そんなものに用はなかった。

宮さんは〝ダメ老人〟と化した。およそ身の回りのことは何も出来ない人に。しかし、それは年のせいじゃなかった。そんな風に社会の仕組みを変えた世間が悪い。宮さんはそう考えるようになった。そうなると何も怖くなくなった。こうして宮さんは、デジタルの力を借りて生きる生き方に背を向けた。

その代わりというのか。宮さんはデジタルだけじゃなく、日々の暮らしそのものにも背を向けるようになった。仕事以外のことがすべて面倒になった。宮さんは、作品に一日のすべての時間、24時間を捧げるようになった。寝ているときすら作品のことを考えるようになった。

*

引退を撤回して『君たちはどう生きるか』を作るにあたり、宮さんが「脳みその蓋を開ける」と宣言した。

そのために3つやる。第一に社交はやらない。つまり、必要ない人とは会わない。そして、第二に新聞を読まない。第三にテレビを見ない。いわゆる情報の遮断だ。

現代人の最大の特徴は、どうでもいい情報に無駄な時間を割いて振り回されていること。それらを遮断することで自己を純化し、その純化した脳みそを使って作品を作る。

世界で、日本で何が起きているか。それは「鈴木さんと話していれば、自ずとわかる」と口走り、その時間がもったいないとも。

誤解を恐れずに言ってしまう。

作品とはこころに移り行くよしなしごと、つまり、妄想の産物だ。現実に引き摺られていたら、いい作品は作れるはずがない。今になるとよく分かる。それは作品を作る上で最良の方法だった。

宮さんにとっては、妄想が現実になり現実が虚構になった。時には、その境界線が逆転したり曖昧になって、周囲の大事な人に大きな迷惑もかけた。しかし、それが作品を作るということなのでは無いだろうか。

　ぼくに役目があったとすれば、『風の谷のナウシカ』から始まったジブリの冒険の中で宮﨑駿を純粋培養したことだろう。宮﨑駿を世間から隔離し、作品のためにだけ力を注ぐ環境を作ったのだ。

　しかし、そうでなければ〝ホンモノ〟は生まれない。そうぼくは信じていた。その産物が『君たちはどう生きるか』という作品に結実したと思えば、すべてが大した問題では無く、その冒険はハッピーエンドに向かっていると、ぼくは信じたい。

　宮さんと出会ってから、数えると45年。ぼくが大事にしたかったのは、宮﨑駿という才能を守ることであり、その才能が生み出す作品そのものだった。

＊

　池澤夏樹さんが鈴木敏夫にインタビューする。テーマは宮﨑駿と映画『君たちはどう生きるか』。この企画を聞いたとき、ぼくはその企画者は本当にずるい人だと思った。

　ぼくは池澤さんを敬愛している。それを知っていて、この企画者は池澤夏樹さんをインタビユアーに起用した。ぼくにとって、それはおこがましい出来事だった。こんなことに池澤さんを巻き込んでいいのだろうか。そんな事も頭を過った。おまけに、ぼくの方から断る事も出来ないがんじがらめの企画だ。

そうこうするうちにカバーの案を見た。ぼくと池澤さんの名前が並んでいた。ガーン。ありえない。でも、少し嬉しい。

さて、どうしたものかと考えあぐねているうちに、〝取材〟の日はやってきた。頭の中が真っ白になった。さて、どうなったかは、この本を読んだ読者の判断に委ねたい。

その企画者にあとがきを頼まれた。宮﨑駿について考えるいい機会になったことも告白しておきたい。

二〇二三年十二月三十日

鈴木敏夫

初出

第１～４章　鈴木敏夫ロングインタビュー　（訊き手：池澤夏樹）
雑誌『SWITCH』2023年８・９・11月号

池澤夏樹エッセイ
『熱風』2023年２月号
雑誌『SWITCH』2023年９月号

＊本書は一部に加筆・修正を加え、再構成したものです。

鈴木敏夫　（すずき・としお）

1948年愛知県生まれ。映画プロデューサー、編集者、スタジオジブリ代表取締役プロデューサー。雑誌『アニメージュ』の編集者として高畑勲、宮﨑駿と出会い、1989年スタジオジブリ創設に参加、同スタジオの製作する映画のプロデュースをつとめる。主な著作に『天才の思考　高畑勲と宮﨑駿』『歳月』『スタジオジブリ物語』など多数。

池澤夏樹　（いけざわ・なつき）

1945年北海道生まれ。詩人、小説家、翻訳家。世界を旅し、フィールドワークを通し、古典から現代まで様々な物語を拾遺しながら小説を次々世に問うている。近著には大伯父・秋吉利雄の伝記小説『また会う日まで』がある。小社刊として坂川英治・絵との共著『熊になった少年』、黒田征太郎・絵と共著の『旅のネコと神社のクスノキ』『ヤギと少年、洞窟の中へ』がある。

ジブリをめぐる冒険

2024年3月29日　第2刷発行

著者　鈴木敏夫
池澤夏樹

編集　枝見広子　板子淳一郎
装丁　中野ゆかり
発行者　新井敏記
発行所　株式会社スイッチ・パブリッシング
〒106-0031 東京都港区西麻布2-21-28
電話　03-5485-2100（代表）
www.switch-pub.co.jp

印刷・製本　株式会社シナノ パブリッシング プレス

本書へのご感想は、info@switch-pub.co.jpにお寄せください。

ISBN978-4-88418-627-2　C0095
Printed in Japan